열세 살, 학교 폭력 어떡하죠?

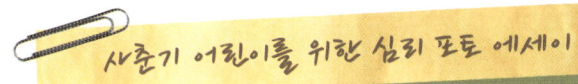
사춘기 어린이를 위한 심리 포토 에세이

열세 살, 학교 폭력 어떡하죠?

글 임여주 그림 김예슬 사진 김설경

위즈덤하우스

차례

작가의 말 언제든 너를 응원하는 사람이 있다는 걸 기억해 …8

몸도 마음도 너무 아파
신체 폭력

끝날 것 같지 않은 하루 …12
신체 폭력 피해자 정민이의 이야기

사춘기 심리학 멘토링_신체 폭력의 위험성
폭력이란? | 신체 폭력이란? | 신체 폭력의 종류 | 신체 폭력을 당했을 때의 대처 방법 | 신체 폭력을 피하는 방법 | 진술서 샘플

답답해, 열이 나! …26
신체 폭력 가해자 태훈이의 이야기

사춘기 심리학 멘토링_폭력으로 해결되는 건 없어
가해자가 되는 이유 | 학교 폭력 가해자에 대한 처벌 | 성폭력 | 폭력을 멈춰 | 왜 자꾸 화가 날까? | 분노 가라앉히기

다시는 돌아가지 않을 거야 …36
신체 폭력 적극 가담자 시우의 이야기

사춘기 심리학 멘토링_학교 폭력은 바로 나의 일
방관이 좋지 않은 이유 | 셔틀도 학교 폭력인가요? | 방관자 말고 조력자로!

말이 할퀴고 간 상처
언어 폭력

차라리 태어나지 않았더라면 …46
언어폭력 피해자 마영이의 이야기

사춘기 심리학 멘토링_언어폭력의 피해
언어폭력이란? | 언어폭력의 종류 | 나는 학교 폭력의 피해자일까?

도대체 내가 뭘 잘못했다는 거야 …54
언어폭력 가해자 재승이의 이야기

사춘기 심리학 멘토링_일상 속 언어폭력
언어폭력은 신체 폭력보다 덜 나쁠까? | 언어폭력이 신체 폭력으로 | 언어폭력의 악순환 | 또래로부터 언어폭력을 당했을 때의 대처법 | 부모님의 언어폭력이 심각하다면?

왜 우리한테만 쓰지 말래? …64
언어폭력 방관자 은호의 이야기

사춘기 심리학 멘토링_즐거운 욕은 없어
욕을 왜 하게 됐더라? | 욕은 듣는 사람과 말하는 사람 모두에게 상처 | 욕 대신 쓸 수 있는 말

나는 투명인간이다
간접 폭력

산산이 부서진 마음 …74
간접 폭력 피해자 유진이의 이야기

사춘기 심리학 멘토링_간접 폭력도 폭력
간접 폭력이란? | 간접 폭력의 종류 | 왕따에서 벗어나는 법

시원할 줄 알았는데 …84
간접 폭력 가해자 한샘이의 이야기

사춘기 심리학 멘토링_따돌림의 정확한 정의
따돌림의 상처는 어느 정도? | 따돌림은 모두가 불행해지는 일 | 집단 따돌림에 대한 우리의 상식

나만 아니면 돼 …92
간접 폭력 방관자 아림이의 이야기

사춘기 심리학 멘토링_따뜻한 세상 만들기
친구의 손을 잡아 줘 | 우린 모두 달라 | 장애 학생을 응원해 줘

너에게는 장난, 나에게는 폭력
사이버 폭력

휴대전화 안의 괴물들 …102
사이버 폭력 피해자 지희의 이야기

사춘기 심리학 멘토링_사이버 폭력에 대해 알기
사이버 폭력이란? | 사이버 폭력의 종류 | 사이버 폭력이 그렇게 심각한 거야?

편리한 왕따 놀이 …112
사이버 폭력 가해자 경원이의 이야기

사춘기 심리학 멘토링_사이버 공간도 사람이 사는 곳
장난? 이제 그만! | 사이버 폭력을 당했을 때의 대처 방법 | 보이지 않는 곳에서도 예의 지키기 | 내 정보 내가 보호하기

넌 혼자가 아니야
학교 폭력, 그 후

엄마를 믿어 …124
간접 폭력 피해자 유진이의 최근 이야기

사춘기 심리학 멘토링_폭력에 대처하기
피해 사실을 알리지 못하는 이유

미안해, 정말 미안해! …132
사이버 폭력 가해자 경원이의 최근 이야기

사춘기 심리학 멘토링_스스로 진단하기
폭력을 당하지 않기 위한 10계명 | 나는 학교 폭력의 가해자일까?

건강한 어른으로 자라나기 …140
신체 폭력 적극 가담자 시우의 최근 이야기

사춘기 심리학 멘토링_학교 폭력 신고·상담하기
전화로 신고하기 | 휴대전화 문자로 상담하기 | 스마트폰 어플리케이션 이용하기 | 인터넷 실시간 일대일 상담 | 인터넷 게시판에 상담하기

작가의 말

언제든 너를 응원하는 사람이 있다는 걸 기억해

왕따, 셔틀, 일진, 피해 학생, 가해 학생, 자해, 그리고 자살…….

십 대에 대한 이야기를 할 때면 꼭 빠지지 않고 나오는 단어들이지. 뉴스나 다큐멘터리에서 청소년 특집 같은 걸 할 때에도 맨날 이런 이야기만 하잖아.

우리는 언제부터 이렇게 폭력에 둘러싸이게 된 걸까? 왜 누군가는 피해자가 되고 누군가는 가해자가 되는 걸까? 배신당할지도 모른다는 걱정 없이 친구를 사귈 수는 없는 걸까? 우리는 단지 외롭고, 힘들고, 지쳤을 뿐인데 말이야.

그래서 가끔 비겁해지기도 하지. 죄책감 없이 친구를 괴롭히기도 하고, 나도 모르는 사이에 왕따가 되어 있기도 해. 이 책에 나오는 주인공들처럼 말이야.

일진들의 괴롭힘 때문에 몸과 마음이 더없이 약해진 정민이에게서, 엄마한테 받은 스트레스를 약한 친구에게 푸는 재승이에게서, 나만 아니면 된다고 생각하면서 따돌림에 동참하는 아림이에게서, 내 모습과 내 친구의 모습을, 나를 괴롭히던 아이들과 내가 괴롭혔던 아이들의 모습을 볼 수 있을 거야.

잘잘못을 따지려는 게 아니야.
비난하지도 않을 거야.
'내 마음이 이만큼이나 아파.'
그저, 하기 힘든 그 말을 대신 해 주고 싶었어.

　이 세상에 내 편은 아무도 없는 것 같을 때, 너무너무 분하고 억울해서 잠이 오지 않을 때, 비겁한 내가 나도 싫어질 때, 나는 이미 나쁜 아이라서 아무리 노력해도 착해질 수 없을 거라는 생각이 들 때, 모든 걸 다 포기해 버리고 싶을 때, 이 책을 떠올려 주기를 바라.

　인생이란 녀석은 무척 짓궂어서 우리를 힘들게 할 때도 있지만, 가끔은 깜짝 놀랄 만큼 좋은 선물을 안겨 주기도 하지. 그 선물은 대개 '사람'의 모습을 하고 있단다. 내가 아플 때 나만큼 아파해 줄 사람, 내가 다시 희망을 품을 수 있게 도와줄 사람 말이야.

　부모님일 수도 있고, 선생님일 수도 있고, 이모나 삼촌일 수도 있어. 학원 선생님일 수도 있고, 공부방 선생님일 수도 있지. 117 전화로 처음 만난 경찰관 아줌마일 수도 있어. 용기를 내서 먼저 손을 내밀어 봐. 그 '사람'이 네 손을 잡아 줄 거야.

　　네가 어려울 때 언제든 도와줄 사람이 있다는 걸 기억하렴.
　　넌, 혼자가 아니란다.
　　이미 우린 함께 걷고 있으니.

파주에서 여주 쌤이

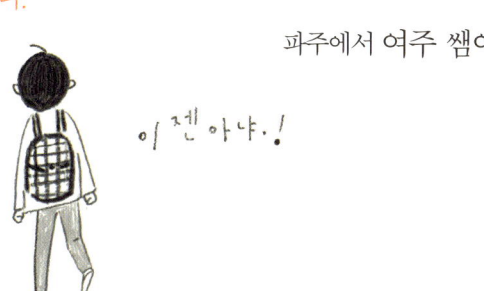

몸도 마음도
너무 아파
_신체 폭력

끝날 것 같지 않은 하루

신체 폭력 피해자 **정민이의 이야기**

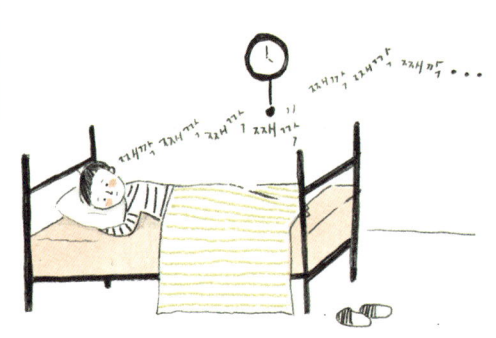

새벽 5시.

자명종 없이도 눈이 떠진다.

머리가 무겁다. 속이 메슥거린다.

하지만 일어나지는 않는다.

엄마가 깨우러 올 때까지 그냥 침대에 누워 있을 거다. 평소랑 다르게 행동하면 엄마가 눈치챌지도 모르니까 조심, 또 조심해야 한다.

올해 봄, 이 학교로 전학 온 바로 다음 날부터 나는 맞기 시작했다.

5학년 1반 12번 주태훈.

주태훈은 5학년 일진 짱이었다.

처음에는 몰랐다. 그때 알았더라면 좋았을걸.
그럼 그때 맞고 있던 아이를 가만히 두었을지도 모른다.

전학 온 첫날, 담임 선생님은 나를 키가 작고 몸도 마른 어떤 남자아이 옆에 앉게 하셨다. 말을 심하게 더듬는 아이였다.

그날 점심시간에 주태훈을 비롯한 남자아이들 몇 명이 내 옆자리로 몰려왔다.

그 애들은 내 짝을 둘러싸고는 갑자기 머리를 주먹으로 때리기 시작했다.

가엾은 내 짝은 머리를 움켜쥐고 꾹꾹 울었다.

"하, 하, 하, 하지, 마아아. 나, 아, 아, 아파."

"하지 마! 아프다잖아!"

나는 소리를 질렀다.

그러자 때리던 손들이 멈췄다.

"그럴……까?"

주태훈이 느릿하게 말했다.

그때 나는 보았다. 주태훈의 입가에 번지는 엷은 미소를.

순간 머리카락이 쭈뼛 섰다.

기분이 이상하게 나빴다.

그리고…… 그다음 날부터 악몽 같은 하루가 시작되었다.
하루 만에 나는 우리 반에서 왕따가 되었고, 일주일 만에 전교 왕따가 되었다.

실내화가 자주 없어졌고, 가방 안에는 늘 쓰레기가 가득 차 있었다.

나한테 전염병이 있다는 소문도 돌았다. 아이들은 내가 근처에만 가도 얼굴을 찌푸리며 욕을 했다.

주태훈은 내 자리에 선을 그어 놓고, 그 선을 절대로 넘어가지 못하게 했다.

"한 발자국 넘어갈 때마다 복부 한 대."

쉬는 시간에는 주태훈 밑의 이진들이 내 옆에서 나를 감시했다.

선을 넘어갈 수 없으니 화장실도 갈 수 없었다. 일부러 물도 음료수도 마시지 않았지만 3교시쯤 되면 더는 참을 수 없을 만큼 오줌이 마려웠다. 하는 수 없이 수업 시간에 손을 들고 화장실에 다녀와야 했다. 그런 일이 반복되니 선생님도 슬슬 짜증이 나시는 것 같았다. 선생님은 더는 나와 눈을 마주치지 않으셨다.

학교가 끝나면 교문 앞에서 주태훈 일당이 나를 기다렸다. 그리고 이상한 곳으로 끌고 다녔다.

제일 자주 가는 곳은 아파트 뒷골목에 있는 공터 화장실.

어제도 갔던 그곳.

그곳은,

지옥이다.

그곳에서 나는 맞고, 맞고, 또 맞는다.

어제는 주태훈이 기절 게임이라는 것을 하자고 하더니 다짜고짜 나를 때려눕히고 목을 졸랐다. 다른 두 명이 옆에서 내 팔과 다리를 꽉 눌렀다.

나는 꽥꽥 소리 지르며 발버둥 쳤다. 그러다 어느 순간 정신이 흐릿해졌다.

'결국, 이렇게 죽는 거구나……'

정신을 잃었다.

시간이 얼마나 지났는지 모르겠다.

누군가 내 뺨을 사정없이 때려 나는 캑캑거리며 일어났다.

눈을 뜨니 주태훈과 다른 아이들이 나를 보며 히죽거리고 있었다.

주태훈은 나를 쉽게 죽이고 쉽게 살릴 수 있었다.
손으로 꾹 누르면 죽는 벌레처럼 내가 하찮게 느껴졌다.

집에 가니 할머니가 왜 이렇게 늦었냐고 다그쳤다.

옥수수를 삶아 놓았으니 어서 먹으라고 했다.

아까 목을 졸려서 물도 삼킬 수 없는데…….

갑자기 화가 치밀어올랐다.

"내가 일찍 오든 늦게 오든 그게 할머니랑 무슨 상관이야! 난 그딴 거 안 먹어!"

소리를 지르며 내 방으로 들어가 문을 쾅 닫았다.

"할머니가 미안. 우리 정민이가 옥수수 싫어하는지 몰랐네. 다른 거 뭐해 줄까? 잠깐 문 좀 열어 봐."

방문 밖에서 할머니가 나를 달랬다.

쾅

답답해서 속이 터져 버릴 것 같았다.

잘못한 것도 없으면서 나한테 사과하는 할머니가 짜증 났다.

이 동네로 전학을 오게 만든 아빠가 싫었다.

내가 유일한 자랑이라며 나만 바라보는 엄마도 싫었다.

하필 왕따 옆에 나를 앉힌 담임 선생님도 원망스러웠다.

하지만 가장 싫은 건 나 자신이었다.

나보다 키도 작은 주태훈한테 얻어맞기만 하는 내가 싫었다.

일진 짱을 알아보지 못하고 전학 첫날부터 대들었던 눈치 없는 내가 너무 싫었다.

못난 주제에 맨날 할머니 속만 태우고…….

나 같은 건 세상에 있을 가치도 없다는 생각이 들었다.

나는 숨죽여 울었다.

목이 더 아파 왔다.

내가 너무 불쌍했다.

아침 7시.

엄마가 날 깨우러 올 시간이다.

"우리 아들, 이제 일어나서 밥 먹고 학교 가야지?"

나는 일어나 세수를 하고 학교 갈 준비를 했다.

체해서 밥은 못 먹겠다고 거짓말을 하고 두유 한 팩을 가방에 넣었다.

아파트 현관 앞을 나와 하늘을 올려다보았다.

하늘이 맑다.
죽으면 저 하늘 위에서 행복할 수 있을까?
악몽 같은 이 하루하루를 내가 언제까지 버텨 낼 수 있을지 모르겠다.
어쩌면, 차라리…….
후!

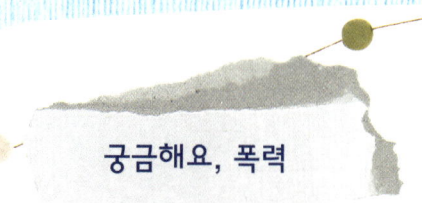

궁금해요, 폭력

폭력이란?

폭력은 다른 사람을 일부러 괴롭혀서 신체적 혹은 정신적 피해를 입히는 것을 말해. 장난으로 한 행동이더라도 당하는 사람이 불쾌함을 느꼈다면 그건 폭력이라고 할 수 있어. 폭력으로 인한 고통은 매우 커서, 때로는 그 상처가 평생 동안 남아 있기도 해.

신체 폭력이란?

신체 폭력은 힘을 써서 다른 사람을 괴롭히는 것을 말해. 그 사람을 신체적으로 고통스럽게 하거나 불편하게 만드는 행동은 모두 신체 폭력이라고 할 수 있어. 신체 폭력은 상대방의 몸을 아프게 할 뿐 아니라 그 사람의 영혼에도 큰 상처를 입힌단다.
신체 폭력과 장난은 엄연히 다른 거야. 내가 아무리 장난으로 때렸다고 주장해도, 나한테 맞은 사람이 괴롭힘을 당했다고 느낀다면 나는 신체 폭력의 가해자인 거야.

신체 폭력의 종류

- 연필이나 볼펜으로 쿡쿡 찌르기
- 밀치기
- 무릎 꿇게 하기
- 손바닥이나 주먹으로 때리기
- 흉기를 이용해서 때리기
- 발로 차거나 발 걸기
- 침 뱉기
- 지우개 던지기
- 머리 때리기
- 감금하기
- 공공기물 파손하기
- 다른 사람의 물건에 낙서하기

직접적인 신체 폭력은 아니지만, 돈이나 물건을 뺏는 행위도 학교 폭력의 일종이야. 이런 것은 금품 갈취라고 말해. 금품 갈취의 종류로는 다음과 같은 것들이 있어.

- 돈이나 물건(학용품, 옷, 교통 카드, 휴대전화 등) 뺏기
- 돈이나 물건 등을 억지로 빌리고 돌려주지 않기
- 물건 등을 망가뜨리기
- 물건을 훔치거나 훔쳐 오라고 하기
- 돈을 걷어 오라고 하기

행복한 학교 생활을 위하여

신체 폭력을 당했을 때의 대처 방법

신체 폭력을 당했을 때 가장 먼저 해야 할 일은 믿을 만한 어른을 찾아가서 도와달라고 말하는 거야.

그리고 또 해 두면 좋은 것이 있어. '누가, 언제, 어디서, 무엇을, 어떻게, 왜' 폭행했는지를 상세하게 기록해 두는 거야. 이런 기록들은 나중에 폭행당했다는 것을 증명할 때 자료로 쓰일 수 있어. 가능하다면 그날 일어난 일은 그날 당장 기록하는 것이 좋아. 기억이 가장 생생할 때니까.

폭행당한 것을 목격한 친구가 있다면 그 친구의 증언도 받아 놓는 것이 좋아. 친구의 증언은 자세하게 글로 써도 되고 녹음기에 녹음을 해도 좋아. 또 폭행을 당한 즉시 병원에 가서 진단서를 발부받는 것도 한 방법이야. (언어폭력을 심하게 당했을 때에는 정신건강의학과에서 진단서를 발부받을 수 있어.)

신체 폭력을 피하는 방법

❖ "싫어!"라고 말해

단순히 "싫어!"라고 말하는 것만으로도 신체 폭력의 피해를 어느 정도 줄일 수 있어. 가해자들은 자기가 협박했을 때 순순히 말을 듣는 아이들에게 더 심하게 폭력을 행사하거든. 내가 그렇게 만만하게 당하지만은 않는다는 걸 화난 표정이나 싫다는 말로 보여 줘야 해.

❖ **혼자 다니지 마**

혼자 있으면 표적이 되기 쉬워. 될 수 있으면 친구들과 함께 무리 지어 다니도록 해. 친구가 많지 않다면 최소한 두 명이서라도 같이 다녀.

❖ **폭행이 일어나는 장소를 피해**

외딴곳에 혼자 떨어져 있지 말고 되도록 아이들이 많은 곳에 있도록 해. 선생님이나 다른 어른들이 보이는 곳에 머무는 게 좋아. 만일 가해 학생이 학교 끝난 후에 어디에서 보자고 해도 절대로 그곳에 가지 마. 그리고 즉시 선생님께 말하거나 경찰서에 신고해. 직접 신고하는 것이 어렵다면 친구에게 대신 신고해 달라고 부탁해. 가해 학생이 길목을 지키고 있을지도 모른다면 부모님에게 전화해서 마중 나와 달라고 부탁드려.

❖ **금품을 빌려 달라고 강요한다면?**

'지금은 없지만, 부모님에게 말씀드리고 빌려 줄게.'라고 말하고 일단 그 자리를 피해. 그리고 즉시 부모님이나 선생님에게 알리거나 학교 폭력 신고 센터에 신고를 해. 어쩔 수 없이 금품을 빼앗기는 상황이 되면, 다른 친구가 그 상황을 목격할 수 있도록 해.

❖ **자신감 갖기**

자신을 믿고 그 자신감을 가해 학생에게 보여 줘. 마주치게 되면 똑바로 서서 자신감 있게 행동해. 몸을 튼튼하게 만들 수 있는 운동을 하는 것도 좋은 방법이야. 건강한 몸에서 더 건강한 정신이 나오는 법이거든.

진술서 샘플

학교 폭력의 피해를 기록해 두고 싶은데 어떻게 해야 할지 모르겠다면 아래에 있는 표를 참고해 봐.

1	성명		학년/반	/	성별	남/여
2	사안 진술	누가	(관련 학생 모두) 우리 반 일진인 이신과 김운			
		사인 기간	① 처음 있는 일 (2012년 6월 20일 점심시간) ② 개월 간 번 정도			
		어디서	① 교실 ② 화장실(3층) ③ 복도 ④ 기타 : 학교 안( ) 학교 밖( )			
		무엇을/ 어떻게	(폭력 상황, 폭력 기간, 피해 상황, 집단 여부 등 기록) 신이와 운이가 나를 때리고 "너 병풍 뒤에서 향 냄새 좀 맡을래?", "척추를 접어 버린다.", "눈 깔아!" 등등 차마 입에 담지 못할 욕을 하고, 내일 돈을 가져오지 않으면 옆 학교 일진들에게 넘기겠다고 협박했다.			
		왜	돈을 달라고 했는데 주지 않았다며			
3	목격한 학생(모두)		① 같은 반 친구 (우리 반 연우) ② 다른 반 친구 ( ) ③ 기타 ( )			
4	현재 기분		너무 창피해서 죽을 것 같다. 학교에 가고 싶지 않다.			
5	원하는 조치		① 나 – 심리 치료 ② 상대 학생 – 사과, 전학 (예 – 사과, 치료비, 학급교체, 학교봉사, 사회봉사, 전학 등)			
6	필요한 도움		담임교사 – 보호 학교 – 보호, 이신과 김운 전학 학부모 – 보호			
7	기타					
8	작성일		년 월 일 (작성학생 서명)			

(출처: 스쿨로-안전한 학교-학교 폭력 해결하기 http://schoolaw.lawinfo.or.kr)

답답해, 열이 나!
신체 폭력 가해자 **태훈이의 이야기**

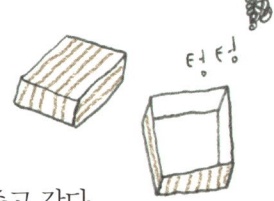

　방금 동네 편의점 앞에서 상우 형이 빈 상자를 주고 갔다.
　중3 이찬영 선배님 여자 친구 생일이 이번 주 토요일이니 목요일까지 그 상자에 선물을 채워 오라는 거였다.
　원래 중2 선배님에게 내려온 일이었는데, 그 선배님이 중1인 상우 형한테 시키고, 상우 형이 또다시 나에게 시킨 거다.
　일진 형들이랑 친하면 형들이 뒤를 봐줘서 좋기는 한데, 가끔 이렇게 귀찮은 일을 시키는 건 정말 짜증 난다.
　그래도 안 하면 작살나니까 날짜에 맞춰서 해 주기는 해야 한다.
　당연히 내가 직접 하지는 않는다.
　내 밑에 있는 애들을 시키면 된다.

마침 지금은 박정민이 있다. 어떻게 해서든 상자를 채워 오라고 해야지.

개는 처음 봤을 때부터 재수가 없었다. 제 엄마 옆에 착 달라붙어서 헤헤 웃고 있는 게 영 거슬렸다.

담임 선생님이 박정민을 데리고 들어와 반 애들에게 소개하고 박정민이 자리에 앉을 때까지 걔네 엄마는 교실 뒷문에 달린 창으로 계속 지켜보고 있었다.

하얀색 코트를 입은 그 아줌마는 드라마에 나오는 착한 엄마 같은 표정을 지었다.

내가 쳐다보고 있는 것도 모르는 것 같았다. 미소를 지으면서 계속 아들만 바라봤다.

'쳇! 행복한 가족인 척하고 있네.'

나는 안다. 다른 사람들 앞에서만 저러는 거다. 집에 가면 서로 말도 안 하고 각자 방으로 들어갈 게 뻔하다.

자리에 앉은 박정민이 자기 엄마를 발견하고는 또다시 헤헤 웃었다.

그 웃는 얼굴이 재수 없었다. 아니, 솔직히 부러웠다.

어쩌면 박정민네 엄마는 정말 좋은 엄마일지도 모른다는 생각이 들었다.

짜증이 났다.

나는 한 번도 가져 본 적 없는 걸 가진 그 녀석이 미웠다.

그 녀석의 웃는 얼굴을 확 망가뜨리고 싶었다.

그런데 고맙게도 알아서 기회를 만들어 주었다.

전학생 주제에 나서기는!

박정민은 참 좋은 장난감이다. 그전까지 데리고 놀던 비리비리한 꼬맹이보다 훨씬 놀 거리가 많다. 맷집이 좋아 때릴 곳도 많고 쉽게 쓰러지지도 않는다.

꼴에 자존심은 어찌나 강한지 웬만하면 아프다는 소리도 안 낸다. 난 시끄러운 건 딱 질색이라 이 점이 특히 마음에 든다.

제일 중요한 건 집에도 아무 말 안 한다는 거다.

뭐, 사실 말해도 큰 상관은 없다.

학교폭력위원회 열리고 하면 귀찮기는 하겠지만, 우리 아빠가 변호사니까 알아서 잘 처리해 줄 거다. 아빠 친구 중에는 판사도 있고 검사도 있으니까 내가 아무리 큰 사고를 쳐도 다 막을 수 있다.

띵똥!

―학원 끝났니? 집에 가면 아줌마한테 전복죽 끓여 달라고 해. 엄마는 오늘 학회 발표 끝났어. 내일은 보스턴 이모 집에 가서 하룻밤 자고 모레 한국에 들어갈 거야. 너, 사촌 형 제이든 기억하지? 이번에 스탠포드랑 프린스턴 대학에 둘 다 붙었대. 너도 공부 열심히 해라. 사촌들이랑 수준은 맞춰야 하지 않겠니?

엄마 문자다.

엄마는 지금 국제 학회 때문에 시카고에 가 있다. 일 년에 네다섯 번은 외국에 가는 것 같다.

작년에는 최우수 논문상을 받아서 신문에도 나왔다. 활짝 웃고 있는 엄마 사진이 너무 낯설었다. 모두 잠든 틈을 타서 그 사진에 괴물 낙서를 했다. 그리고 칼로 북북 찢어 버렸다. 왜 그랬는지는 모르겠다. 그냥 웃고 있는 엄마 사진이 너무 싫었다.

아, 집에 가기 싫다.

어차피 집에 가도 아줌마밖에 없는데.

아빠는 엄마보다 더 얼굴 보기가 힘들다. 어쩌다 아빠랑 둘이 있으면 긴장이 된다. 존댓말을 써야 할지 반말을 써야 할지도 잘 모르겠다.

내 오른팔인 규호를 불렀다.

피시방에서 게임 좀 하다가 편의점에서 삼각 김밥이랑 라면을 사 먹고 나니 밤 11시가 되었다.

그때 규호네 엄마가 씩씩거리며 편의점으로 들어오셨다.

"안규호! 너는 잠깐 나갔다 온다는 애가 어떻게 두 시간이 지나도록 안 들어오니? 어? 엄마 전화도 안 받고! 태훈이 너도 어서 집에 들어가. 엄마 아빠 걱정하시겠다."

규호네 엄마는 규호를 데리고 잽싸게 나가셨다.

쌩!

편의점 문이 앞뒤로 왔다 갔다 했다.

"……그 사람들은 내 걱정 같은 거 안 해요."

나는 혼잣말을 하며 입술을 깨물었다.

가슴속에 바람이 부는 것처럼 서늘해졌다.
그러다 갑자기 심장이 빨리 뛰면서 몸에 열이 났다.
주먹이 근질근질하면서 손이 부르르 떨렸다.
이럴 땐 만만한 애 하나 붙잡아 놓고 마구 패 주면 좀 나아지는데, 지금은 너무 늦어서 누구를 나오라고 할 수도 없으니 답답하다.
기분이 더럽다.
내 밑에 있는 애들한테 단체 문자를 보냈다.
―내일은 전체 수금한다. 어기는 놈은 내가 직접 팬다.
내일 할 일을 정해 놓으니 마음이 조금 안정되는 것 같다.
어서 아침이 되었으면 좋겠다.

궁금해요, 폭력

가해자가 되는 이유

다른 친구를 괴롭히는 청소년들 마음속에는 다 하나씩 이유가 들어 있어. 다만 스스로 인식하지 못할 뿐이지. 가장 큰 이유는 다른 사람에게 인정받고 싶어하는 마음이야. 사람은 누구나 다른 사람에게 인정받고 싶어하는 마음이 있거든. 그런데 폭력을 행사하는 청소년은 인정받고 싶은 마음을 폭력을 통해서 채우려고 하지.

'내가 힘이 세니까 다른 아이들이 나를 인정해 주겠지?', '선생님도 나를 함부로 건드리지 못하니까 사람들이 나를 대단하다고 생각할 거야.'라고. 사실 진짜로 원했던 건 부모님과 선생님께 칭찬받고 친구들과 친하게 지내는 것인데 말이야. 하지만 그런 폭력적인 행동으로는 누구에게도 인정받을 수 없다는 걸 알아야 해.

학교 폭력 가해자에 대한 처벌

피해 학생이 고소를 할 경우, 가해 학생의 나이가 10세 이상에서 19세 미만이면 소년법에 따라 보호 처분을 받게 돼. 쉽게 말해서, 가해 학생이 죄를 뉘우치고 성격과 행동을 바르게 고칠 수 있도록 일정 기간 동안 엄하게 지켜보는 거야. 어떤 장소에서 얼마나 오랫동안 보호 처분을 받을지는 소년보호재판에서 판사가 결정하게 돼. 죄가 무거울 경우 소년원에 수감될 수도 있어.

가해 학생이 14세 이상일 경우에는 형법에 따라서 형사 처분을 받을 수도 있어. 형법에 따를 경우 일반 형사재판을 거쳐서 처벌이 확정돼. 죄의 종류와 무게에 따라 최고 15년 이하의 징역, 최고 2천만 원 이하의 벌금에 처해질 수 있어.

성폭력

성폭력은 상대방에게 성적 수치심을 주는 모든 말과 행동을 뜻해.

성적인 말이나 행동을 해서 상대방에게 수치감을 느끼게 하는 것, 폭행이나 협박을 해서 신체적인 접촉을 하거나 강제로 성행위를 하는 것 등이 모두 성폭력에 해당해.

청소년이 주로 경험하는 성폭력은 이런 것들이라고 해.

- 피해 학생의 외모에 대해서 성적인 농담을 하기
- 피해 학생에게 성적인 내용이 담긴 문자 메시지나 사진 파일을 보내기
- 피해 학생의 성기, 가슴 등 신체 부위를 만지기
- 피해 학생 앞에서 성관계하는 흉내를 내거나 자위하는 흉내를 내기

만일 누군가 내 몸을 허락 없이 만지려고 하거나 내 몸에 대해 불쾌한 말을 한다면, 그 자리에서 싫다는 의사 표시를 하도록 해. 하지 말라고 하는데도 억지로 내 몸에 손을 대려고 하는 건 심각한 성범죄야.

성폭력을 당한 경우에는 학교폭력신고센터(국번없이 117)나 성폭력상담소(국번없이 1366), 혹은 경찰에 즉시 신고하도록 해.

행복한 학교 생활을 위하여

폭력을 멈춰

학교 폭력의 가해자 중에는 자신의 행동이 잘못된 것인 줄 알면서도 계속하는 청소년이 많아. 지금까지 자기가 다른 친구들을 많이 괴롭혀 왔기 때문에, 그 행동을 그만두면 도리어 자기가 피해자가 될 것 같아 두렵기 때문이야.

일진회에 가입된 경우는 문제가 더 복잡해. 일진회 내부 규율이 워낙 엄격하고 선후배 관계가 얽혀 있기 때문에 쉽게 빠져나오기가 매우 힘들지. 하지만 쉽지 않다고 해서 할 수 없는 건 아니야.

폭력을 멈추려면 우선 피해 학생의 입장이 되어 봐. 이유 없이 맞고 왕따 당하면서 아파한 그 친구의 고통을 마음으로 느껴 봐.

그리고 진심으로 사과해. 사과하는 것은 진정으로 용감한 행동이야.

왜 자꾸 화가 날까?

청소년기는 스트레스가 많은 시기야. 성적에 대한 압박, 부모님의 잔소리, 친구들 사이에서의 다툼 등 너무 많은 고민거리가 청소년을 힘들게 하지.

또한 두뇌의 발달 속도도 영향을 미쳐. 청소년의 두뇌는 다양한 감정을 느끼는 영역은 이미 발달했지만, 그 감정을 조절할 수 있는 영역은 아직 발달하지 않은 경우가 많아. 그래서 더 자주 화가 나게 되는 거야.

분노 가라앉히기

❖ 화나는 감정 알아채기

화가 나면 심장이 두근거린다거나 머리에서 열이 난다거나 하는 자기만의 증후가 있을 거야. 이때 '아, 내가 화가 났구나' 하고 알아채는 거야. 단순히 알아채기만 해도 폭력으로 이어지는 걸 막을 수 있단다.

❖ '잠깐!' 하고 외치기

화난 마음이 폭력으로 이어지려고 할 때 속으로 '잠깐!'이라고 외쳐. 그리고 마음속으로 천천히 10초만 세는 거야. 화가 많이 났을 때에는 10초를 더 세어 봐. 숫자를 세는 동안 마음이 가라앉을 거야.

❖ 자리를 뜨기

스스로 화를 누를 수 없을 것 같을 때는 잠시 그 자리를 피해. 상대방에게 '내가 지금 너무 화가 나서 여기 있으면 싸울 것 같아.'라고 말하고 잠시 다른 곳에 다녀와.

❖ 숨 깊게 쉬기

숨을 깊게 쉬어서 온몸에 긴장을 풀어 줘. 내 몸속에 있는 화난 감정이 손끝과 발끝을 통해서 나간다는 상상을 해 봐.

다시는 돌아가지 않을 거야
신체 폭력 적극 가담자 시우의 이야기

2교시 쉬는 시간.
"야, 나 좀 놀다 올 테니까 얘 감시 잘 해라."
주태훈이 종현이와 나에게 말했다.
"응, 걱정하지 마."
나는 웃으며 대답했다.
"싱글거리지 마. 역겨워."
주태훈이 면박을 주었다.
"헤헤, 알았어."
그래도 나는 속없는 애처럼 웃으며 대답했다.
종현이랑 내가 하는 일은 쉬는 시간 동안 박정민을 감시하는 일이다.

태훈이는 박정민 자리 근처에 분필로 가는 선을 그어 놓았는데, 박정민은 학교가 끝날 때까지 그 선을 넘어가면 안 된다.

만일 넘어가면 우리가 태훈이에게 보고하고, 그날 박정민은 얻어맞게 된다.

"저기, 나 지금 정말 급한데 잠깐만 화장실에 다녀오면 안 될까? 부탁 좀 할게. 한 번만 봐줘. 응? 제발!"

박정민이 애원하듯 말했다.

얼굴이 노랗게 뜬 걸 보니 정말 참기 힘든 모양이었다.

"시우야, 우리 딱 한 번만 눈감아 주자. 얘, 정말 쌀 것 같아."

종현이가 불쌍하다는 표정을 지었다.

나는 잠시 고민했다.

박정민 표정을 보니 정말 괴로운 것 같았다.

이러다 교실에서 싸면 개망신 당할 텐데. 불쌍하다는 생각도 들었다.

하지만 나는 단호하게 말했다.

"안 돼. 절대 안 돼."

박정민 눈에 눈물이 그렁거렸다.

나는 그 눈을 애써 피했다.

계속 보고 있으면 마음이 흔들릴 것 같았다.

나는 최선을 다해서 주태훈에게 충성한다.
주태훈은 왕따였던 나의 손을 잡아 준 고마운 친구다.
주태훈이 아니었으면 지금도 나는 혼자였을 거다.
아니, 어쩌면 전학을 가거나 자퇴를 했을지도 모른다.
그때를 생각하면 나도 모르게 어깨가 움츠러들고, 다리에 힘이 풀린다.

4학년 2학기 때, 나는 말 그대로 왕따였다.
잘난 척한다는 것이 이유였다.
그저 궁금한 것이 많아서 질문을 많이 했고, 운동화를 워낙 좋아해서 새 운동화를 자주 신은 것뿐인데.
우리 반 일진들은 매일 다른 방법으로 나를 괴롭혔다.
낡아 빠진 헌 운동화를 주면서 내 새 운동화랑 바꿔 신자고 했다. 싫다고 하면 마구 때렸다. 볼이 빠진 볼펜을 주면서 삼만 원에 사라고 협박하기도 했다. 빵 셔틀은 기본이었다.
가장 끔찍했던 건…….
체육 시간에 바지가 내려간 일이었다.
선생님이 잠시 뭔가를 가지러 들어가신 사이에 일진들은 내 바지를 내렸다. 팬티도 반쯤 내려갔다.
여자아이들이 소리를 질렀다.
나는 그 자리에 서서 엉엉 울고 말았다.
일진들은 그런 내 모습을 휴대전화 카메라로 찍었다.
그중에는 주태훈도 있었다.

　새 학년이 되었을 때 나는 주태훈과 같은 반이 되었다. 나를 괴롭히던 다른 아이들은 모두 다른 반이었다.

　나는 어떻게 해서든 주태훈에게 잘 보여야겠다고 생각했다.

　그것만이 내가 살 길이었다.

　작년과 같은 일들을 다시 겪을 수는 없었다.

　나는 아침마다 주태훈에게 빵을 사다 주고 숙제도 대신 해 주었다. 가끔씩 체육복도 빌려 주었다. 그렇게 한 지 3주일 되던 날, 정말 고맙게도 주태훈은 나를 자기 무리에 끼워 주었다.

　나는 더 이상 왕따가 아니었다.

　일진과 같이 다니는 아이였다.

　이제 웬만한 애들은 나한테 함부로 하지 못한다.

　내 눈치를 본다. 내가 위협하면 움찔한다.

　나는 그게 정말 좋다. 통쾌하다.

　주태훈이나 그 애랑 동급인 아이들은 아직도 종종 나를 무시하지만, 그래도 괜찮다.

　반 애들 전체한테 무시당하는 것보다 백배 낫다.

주태훈의 명령으로 박정민을 때릴 때, 박정민의 얼굴에 내 얼굴이 겹쳐서 보일 때가 있다. 이유 없이 나를 때리던 아이들에게 울면서 빌던 비굴한 내 모습이 보인다. 그러면 나는 힘이 빠진다.
　다시 그때로 돌아가게 될까 봐 무섭다.
　다른 애들이 그때의 나를 기억하게 될까 봐 두렵다.
　그래서 더 세게 때린다.
　지금 내가 얼마나 강한지 보여 주려고.
　마음속으로 외친다.
　나는 이제 왕따가 아니란 말이야!
　과거는 지워졌어!
　절대 그때로 돌아가지 않을 거야!
　절대로!
　절대로…….

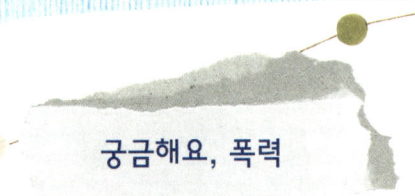

방관이 좋지 않은 이유

방관자는 폭력을 목격하고도 모른 척하는 사람을 뜻해. 때로는 옆에 서서 폭력 상황을 구경하기도 하지. 아무 행동도 하지 않으면서 말이야.

하지만 방관자의 이런 태도 때문에 학교 폭력은 더욱 심해진단다. 아무도 자신을 막지 않기 때문에 가해자는 더 마음 놓고 피해자를 괴롭힐 수 있거든.

그리고 때로는 폭력이 마치 재미있는 놀이인 것처럼 방관자들을 끌어들이지. '너도 괴롭혀 봐. 이 애는 괴롭혀도 되는 애야.' 라고.

학교 폭력의 피해자들은 가해자에게 당하는 폭력 자체도 괴롭지만, 주위에 있는 친구들이 아무도 자신을 도와주지 않는 데에서 더욱 큰 공포감을 느낀다고 해.

학급에서는 가해자와 피해자를 제외한 학생 대부분이 학교 폭력의 방관자라고 볼 수 있어.

학교 폭력을 막을 수 있는 가장 큰 힘은 어쩌면 가해자도, 피해자도 아닌, 폭력을 목격한 방관자에게 있을지도 몰라.

셔틀도 학교 폭력인가요?

셔틀은 학교 폭력이 아니라고 생각하는 청소년이 많아. 심지어 선후배 사이의 전통 같은 거라고 생각하는 경우도 있고. 하지만 셔틀 역시 심각한 학교 폭력이란다. 상대방이 원하지 않는 심부름을 시키거나 돈이나 물건을 가져오라고 하는 등의 행위는 모두 학교 폭력에 해당해.

혹시 지금 원치 않는 셔틀로 고통받고 있다면, 지금 즉시 그동안 당한 내용을 기

록해 두도록 해.
만일 휴대전화 데이터 셔틀을 당하고 있다면, 셔틀을 당하기 전의 데이터 사용량과 당한 후의 데이터 사용량을 비교해서 보여 줄 수 있는 자료를 구해 둬. 이동통신사에 문의하면 구할 수 있을 거야.

방관자 말고 조력자로!

학교 폭력을 방관하지 않고 적극적으로 피해자를 도우면 어떻게 될까? 학급 아이들이 모두 방관자가 아닌 조력자로 변신한다면?
가해 학생은 폭력을 휘두르기 전에 다른 아이들의 눈치를 보게 돼. 다른 아이들이 모두 지켜보고 있다는 걸 알면 피해 학생을 괴롭히는 데 부담을 느끼게 되지. 또 피해 학생은 혼자가 아니라는 생각에 힘을 얻게 되고, 용기를 내어 학교 폭력 피해 상황을 극복해 낼 수 있지.
그리고 만일 내가 괴롭힘을 당하는 상황이 오더라도, 다른 아이들이 나를 도와줄 수 있게 돼.

말이 할퀴고 간 상처
_언어폭력

차라리 태어나지 않았더라면

언어폭력 피해자 **마영이의 이야기**

오늘은 오랜만에 해가 쨍쨍한 날이다.

엄마는 이렇게 화창한 날에는 핑크색이 어울린다며 내가 입을 핑크색 원피스를 골라 놓으셨다.

그러나 등교하는 내 발걸음은 핑크색 원피스만큼 가볍지 않다.

교실로 들어가니 윤재승이 이미 내 자리에서 서성거리고 있었다.

그리고 나를 보자마자 소리쳤다.

"야, 송마영! 너는 못생긴 게 핑크색이 어울린다고 생각하냐? 네 주제를 알아, 이 힘만 더럽게 센 슈퍼돼지야."

윤재승 옆에 있는 남자애들이 킬킬거린다.

여자애들 몇 명도 웃고 있는 게 보인다.

이 교실에서 나는 혼자다.

처음부터 그랬고 아마 앞으로도 계속 그럴 거다.

"야, 슈퍼돼지. 내가 오늘 너한테 새로운 별명을 지어 주겠어. 소시지 어때, 소시지? 너 앞으로 한 달 동안 맨날 분홍색 옷만 입고 다녀라. 그럼 내가 특별히 슈퍼돼지 대신에 소시지라고 불러 줄게. 어때? 좋아서 환장하겠지?"

나는 나도 모르게 내 몸을 내려다봤다.

원피스 소매가 통통한 팔뚝에 찰싹 달라붙어 있는 게 내가 봐도 소시지 같았다.

울고 싶었다.

하지만 일부러 아무렇지 않은 척 말 없이 자리에 앉아 가방을 열었다.

기 싸움에서 눌리면 그때는 정말 끝장이다.

"어라? 너, 지금 내 말 무시하냐? 무지 용감하다, 너?"

나는 안 들리는 척했다.

책을 펴고 한 장을 넘겼다.

"야, 야! 슈퍼돼지, 안 들리냐? 아하, 귓구멍에도 살이 쪄서 안 들리는 거구나? 푸하하."

나는 애써 책에 집중하는 척했다. 하지만 속에서는 심장이 쿵쾅거렸다. 이 소리를 누가 들을까 봐 겁이 났다.

윤재승이 왜 나를 이렇게 괴롭히는지 그 이유를 나는 모른다.

학기 초부터 내가 뚱뚱해서 재수 없다며 꺼져 버리라고 했다. 처음 그 말을 들었을 때 너무 화가 나서 똑같이 말해 주려고 했다. 그런데 마음과 달리 내 입술은 딱 붙은 채 움직이지 않았다.

'너나 꺼져.'라는 말은 입안에서만 빙빙 돌 뿐이었다.

아무 말도 하지 못한 나에게 화가 났다.
나를 도와주지 않은 반 아이들에게도 화가 났다.
나를 이렇게 뚱뚱하게 낳아 준 엄마랑 아빠에게도 화가 났다.

화가 많이 나는 날이면 부엌을 뒤져 먹을 것을 찾아냈다. 더는 숨이 쉬어지지 않을 때까지 먹고, 먹고, 또 먹었다. 적어도 음식을 먹는 그 순간만큼은 아무 생각도 나지 않아서 좋았다.

8시 55분.

조금 있으면 1교시 시작이다.

이제부터 점심시간 전까지는 마음을 놓아도 된다. 그런데 자기 자리로 돌아갔던 윤재승이 급하게 내 쪽으로 돌아오더니 다짜고짜 말했다.

"야, 소시지! 좀 씻고 다녀. 네 암내가 내 자리까지 퍼지잖아. 아, 진짜 더러워."

그러자 다른 아이들 몇 명이 코를 막는 시늉을 했다.

안 들린다, 안 보인다, 나는 스스로 주문을 외웠다.

"하여튼 너같이 냄새나는 돼지는 아예 태어나지를 말았어야 해. 너는 태어난 게 죄악이야."

이렇게 말하고 윤재승은 재빨리 제자리로 돌아갔다.

그때 담임 선생님이 들어오셨다.

수업은 시작되었지만 내 머릿속에는 오로지 한 문장만 맴돌았다.

'태어난 게 죄악이야……. 태어난 게 죄악이야…….'

가슴 깊은 곳에서부터 슬픔이 밀려왔다.

되뇔수록 이상하게 그 말이 맞는 것 같았다.

그런 애 말에 동조하는 내가 나도 이상했다.

그런데도 자꾸만 그 말이 머릿속에서 떠나지 않았다.

세상 사람 모두가 나를 가운데에 두고 손가락질하는 것 같았다.
내 몸이 바닥으로 꺼질 것만 같았다.
뚝, 뚝!
나도 모르게 눈물 두 줄기가 떨어졌다.
연이어 후두두, 분홍 원피스 위로 눈물방울이 쏟아졌다.
목구멍에서 이상한 소리가 올라왔다.
"끄어어어어어어어엉, 으헝허흑흑!"
터진 울음을 막을 수가 없었다.
우는 소리도 돼지 같다며 윤재승이 비웃고 있을 것만 같았다.

궁금해요, 폭력

언어폭력이란?

언어폭력은 말로 다른 사람을 괴롭히는 걸 말해. 듣기 싫은 말이나 욕을 해서 그 사람 마음에 상처를 주는 거지.

언어폭력으로 생긴 마음의 상처는 쉽게 아물지 않아. 아주 오랜 시간이 흘러도 그대로 남아서 사람을 고통스럽게 하지.

언어폭력의 종류

- 놀리기
- 욕하기
- 흉내 내기
- 모욕하기
- 협박하거나 위협하기
- 저주하기
- 험담하기
- 싫어하는 별명으로 부르기
- 약점을 건드리면서 놀리기
- 외모나 옷차림에 대해서 놀리기
- 비웃거나 빈정거리기
- 이상한 거짓 소문내기
- 핀잔이나 면박 주기
- 휴대전화로 욕이나 비난하는 문자 보내기
- 메신저에 들어오게 해서 욕하기

언어폭력인지 아닌지를 판단할 때 가장 중요한 건 듣는 사람의 느낌이야. 듣는 사람이 그 말을 듣고 수치심과 모멸감을 느꼈다면 그건 명백한 언어폭력이야. 공격하려는 의도가 있건 없건 그건 중요하지 않아. 듣는 사람이 언어폭력이라고 느낀다면, 그 말을 한 사람은 가해자가 되고 그 말을 들은 사람은 피해자가 되는 심각한 언어폭력 상황이 되는 거야.

나는 학교 폭력의 피해자일까?

- 책, 돈 또는 다른 물건들을 빼앗기거나 손상을 입는다. ············( )
- 꼬집거나 툭툭 치고 밀치고 발로 차는 등의 일을 당해도 적절하게 자기 자신을 방어하지 못한다. ················( )
- 동료 학생 그룹 안에서 체력으로나 말로나 다른 방법으로 자기 주장을 하기 어렵다. ················( )
- 반복적으로 희롱을 당하며 조소, 무시, 조롱, 위협, 멸시, 협박을 당한다. ( )
- 조소적이고 비우호적인 방식으로 웃음거리가 되고 비웃음을 받는다. ( )
- 지배를 받고 굴복한다. ················( )
- 심란하고 불행하고 우울하게 보이고 눈물을 글썽거린다. ············( )
- 지나치게 민감하고 소심한 성격을 갖고 있다. ············( )
- 특이한 행동을 하며 신체적 결함 또는 장애가 있다. ············( )
- 학급에서 친한 친구가 없다. ············( )
- 비행 친구와 어울린다. ············( )
- 학교 성적이 갑자기 또는 서서히 떨어진다. ············( )
- 휴식 시간에 선생님이나 다른 어른 곁에 바싹 붙어 있으려고 한다. ········( )

혹시 위의 경우에서 3가지 이상의 상황이 최근에 자주 벌어지고 있다면, 지금 학교 폭력의 피해를 입고 있거나 앞으로 피해를 입을 가능성이 높단다.
지금 바로 부모님, 선생님 또는 학교 폭력 관련 기관과 상의하는 것이 좋아.

(출처: 스쿨로 - 안전한 학교 - 학교 폭력 예방하기 http://schoolaw.lawinfo.or.kr)

도대체 내가 뭘 잘못했다는 거야

언어폭력 가해자 **재승이의 이야기**

"윤재승, 너 엄마 좀 모셔 와야겠다."

담임 선생님이 상담실로 불렀다.

"왜요? 제가 뭘 어쨌다고요? 왜 엄마를 오시라 그래요?"

나는 선생님에게 따졌다.

"너 정말 몰라서 묻는 거니, 아니면 엄마 모셔 오기 싫어서 그러는 거니? 너, 마영이한테 미안한 마음이 있기는 한 거니? 휴, 됐다. 내가 직접 어머니께 전화해야겠다. 가 봐."

선생님은 전화기를 들고 복도로 나가셨다.

나는 정말 모르겠다.

내가 송마영을 때린 것도 아니고, 돈을 뺏은 것도 아니고, 왕따를

시킨 것도 아닌데, 왜 내가 걔한테 미안해야 한다는 건지 말이다.

난 그저 송마영이랑 농담한 것밖에 없다.
솔직히 욕도 조금 하기는 했지만, 나만 하는 것도 아니다. 우리 반 애들 거의 다 욕 많이 한다.
나만 놀리는 것도 아니고, 걔 하나가 희생해서 반 전체가 즐거우면 오히려 더 좋은 것 아닌가?
아, 짜증 나!
하필 그때 재수 없게 담임한테 걸려 가지고.
그 돼지는 왜 그까짓 농담으로 울고 난리야.

생각하다 보니 확 열이 올랐다.

상담실에서 나와 내 자리로 돌아가는데 어디선가 과자 봉지 부스럭거리는 소리가 났다. 송마영이 눈치를 보면서 초콜릿 바를 까먹고 있었다. 그 모습이 너무 역겨웠다.

"야, 소시지! 너는 진짜 타고난 돼지야. 그렇게 처먹고 그게 또 들어가냐?"

옆에서 애들이 킥킥거리고 웃었다.

"타고난 돼지래, 품." 하는 소리도 들렸다.

아이들의 반응에 왠지 흥이 났다.

재미있는 욕을 좀 더 해야겠다는 생각이 들었다.

"하여간 너 때문에 내일 엄마랑 담임한테 깨지면 너는 그날로 끝인 줄 알아. 지옥에 가서 악마랑 쎄쎄쎄 하게 만들어 줄 테니까."

나는 손으로 목에 칼 긋는 흉내를 내었다.

애들은 또 옆에서 재미있다고 난리가 났다.

송마영은 고개를 푹 숙였다.

이제야 분이 좀 풀리는 것 같았다.

종례 시간이 끝나고 책가방을 싸면서 나는 마음이 무거워졌다.

집에 들어가 엄마 얼굴 볼 생각을 하니 벌써 겁이 났다.

담임이 엄마한테 전화를 했을 텐데…….

엄마는 분명히 내가 들어오기만 기다리고 있을 것이다.

그리고 내가 들어가면…….

귓속에 벌레가 가득 찬 것처럼 머리가 윙윙거렸다.

예상이 맞았다.

집에 들어가자마자 엄마는 나에게 욕을 퍼붓기 시작했다.

"야, 이 멍청한 놈아! 내가 학교에서 찍소리 말고 공부나 하라고 했어, 안 했어? 너, 엄마 말을 어디로 듣고 그새 또 문제를 일으켜? 내가 아까 너희 선생님한테 얼마나 창피했는지 알아? 아이고, 내가 정말 하루도 편안할 날이 없어! 내일 학교로 오라고 하는데 너 어쩔 거야, 어?"

엄마의 목소리가 손톱으로 칠판 긁는 소리처럼 따가웠다.

엄마가 소리를 지르면 나는 자동으로 몸이 움츠러들고 머리가 멈춘 것처럼 아무 생각도 나지 않는다.

내 방으로 들어가려는데 엄마가 붙잡았다.

"어딜 들어가? 아직 엄마 말 안 끝났는데! 어디서 배운 버르장머리야, 그게? 하여간 자식이라고 하나 있는 게 맨날 저 모양이야. 차라리 자식이 없는 게 백번 낫지!"

그때 전화벨이 울렸다.

엄마의 동네 친구였다. 엄마는 전화기에 대고 내가 얼마나 형편없는 아들인지 삼십 분 동안 떠들었다.

그러고도 분이 풀리지 않는지 친구에게 지금 당장 만나 맥주나 한잔 하자고 했다.

"너, 엄마 들어올 때까지 꼼짝 말고 수학 문제집 다 풀어 놓고 있어. 알았어?"

쾅!
현관문 닫히는 소리가 들렸다.
"후하!"
그제야 나는 한숨을 크게 내쉬었다.

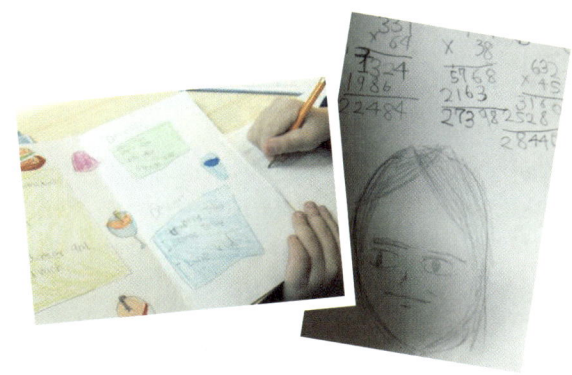

이게 다 송마영 때문이다.

송마영이 역겹게 생겨서 내 기분을 더럽게 만들어서 그런 거다. 송마영만 없었으면 나는 학교에서 아주 기분 좋게 지냈을 텐데. 그러면 선생님이 엄마를 부를 일도 없고, 엄마가 나한테 화낼 일도 없었을 텐데.

송마영이 더 싫어졌다.

냄새나는 돼지.

내 인생의 걸림돌.

문제집을 풀려고 하는데 머리가 잘 안 돌아갔다. 계산 식을 쓰는데 연필심이 부러졌다. 이깟 연필도 나를 우습게 알고.

도대체 되는 게 하나도 없다.

엄마 말대로 나는 정말 멍청한가 보다.

에잇, 이렇게 멍청한데 문제집 같은 건 풀어서 뭐해?

이불을 뒤집어쓰고 누웠다.

아무것도 하기 싫어…….

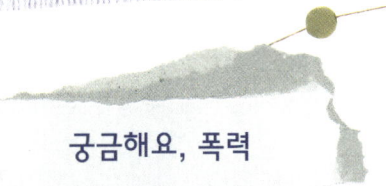

궁금해요, 폭력

언어폭력은 신체 폭력보다 덜 나쁠까?

많은 청소년이 다른 종류의 폭력에 비해 언어폭력을 가볍게 생각하고 있어. 과연 언어폭력은 신체 폭력보다 덜 나쁜 것일까?

뇌과학자들은 결코 그렇지 않다고 말해. 거친 언어나 욕설을 많이 들은 아이는 다른 아이보다 뇌의 회로 발달이 늦어진다고 해. 우리 뇌에는 기억과 관련된 일을 하는 해마라는 부위가 있는데, 거친 언어를 많이 들은 아이일수록 해마의 크기가 작아진대.

언어폭력을 많이 당하면 언어에 대한 이해력도 떨어지게 돼. 언어폭력이 사람의 뇌를 직접 손상하는 거지.

언어폭력은 결코 신체 폭력보다 가벼운 것이 아니란다. 어쩌면 신체에 가하는 폭력보다 더 큰 상처를 남길 수도 있는 아주 무서운 폭력이야.

언어폭력이 신체 폭력으로

언어폭력은 그 자체로도 무섭지만, 신체 폭력으로 이어질 수도 있어서 더 위험해. 서로 기분 나쁜 말을 하다가 결국에는 주먹질까지 하게 되는 경우가 종종 있거든. 기분 나쁜 말을 들으면 사람은 화가 나게 돼. 그 화가 쌓이고 또 쌓이다 보면 스스로 감당하기 어려울 만큼 분노가 가득 차게 되는데, 이때 어떤 사람들은 물건을 집어 던지거나 상대방을 때리는 나쁜 행동을 저지르지. 그렇게 신체적인 폭력도 시작되는 거야.

언어폭력의 악순환

폭력적인 언어를 많이 들으면서 자란 청소년은 그렇지 않은 청소년보다 공격적인 언어를 더 많이 사용하게 돼. 반대로 고운 말을 많이 듣고 자란 청소년은 바르고 고운 말을 많이 사용하게 되지. 가족이나 친구들의 언어 습관이 우리 자신의 언어 습관에 직접적인 영향을 주기 때문이야.

특히 부모님이 언어폭력을 일삼는 청소년의 경우, 자신도 습관처럼 폭력적인 언어를 사용하게 되는 경우가 많아. 부모님의 공격적인 말에 상처를 받았음에도 불구하고, 자신이 하는 공격적인 말이 또 다른 친구에게 상처가 된다는 걸 잘 모르는 거지.

이렇게 언어폭력의 피해자가 또 다른 사람에게는 가해자가 되는, 언어폭력의 악순환이 만들어지고 있어.

행복한 학교 생활을 위하여

또래로부터 언어폭력을 당했을 때의 대처법

또래로부터 언어폭력을 당했을 때, 가장 먼저 해야 할 일은 믿을 만한 어른에게 말하는 거야. 부모님, 학교 선생님, 이모나 삼촌, 아니면 주일학교 선생님이나 지역아동센터 선생님도 좋아. 믿을 수 있는 어른에게 반드시 도움을 요청하는 것이 중요해. 그래야 언어폭력에서 벗어날 방법을 찾을 수 있어.

만일 처음에 도움을 요청한 어른이 별다른 반응을 보이지 않는다면, 꼭 다른 어른에게 다시 도움을 요청하도록 해.

가능하다면 병원이나 상담 센터를 찾아가서 전문가에게 상담 치료를 받는 것이 좋아. 학교에 상담 선생님이 계신다면 우선 상담 선생님을 찾아가 보는 것도 좋고. 언어폭력으로 인한 마음의 상처를 잘 치료해야 앞으로 더욱 건강하게 살아갈 수 있단다.

잠깐

어른에게 말하는 건 고자질이 아닌가요?

그렇지 않아. 학교 폭력으로 피해를 입었을 때 도움을 요청하는 것은 현명하고 똑똑한 행동이란다. 다른 친구가 학교 폭력 당하는 걸 목격했을 때, 그것을 어른에게 알리는 것도 역시 지혜로운 일이야.

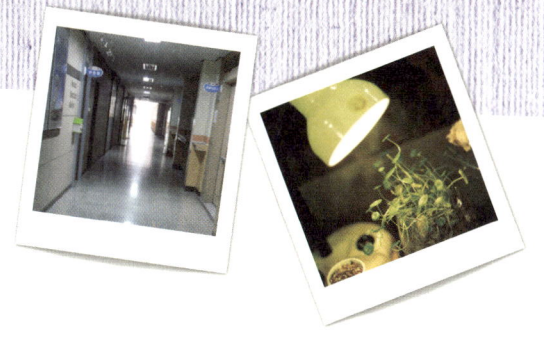

부모님의 언어폭력이 심각하다면?

비폭력대화는 사람과 사람이 대화할 때 서로 상처 주는 말을 하지 않으면서 서로가 원하는 것을 효과적으로 전달할 수 있도록 도와줘. 미국의 마셜 로젠버그 박사가 만든 대화법이지.

실제로 많은 부모님이 청소년기 자녀와 더욱 잘 소통하기 위해서 비폭력대화 교육을 받고 계신단다. 더 자세한 내용을 알고 싶으면 한국비폭력대화센터 홈페이지(www.krnvc.org)를 찾아가 보렴.

만일 부모님의 언어폭력이 너무 심각한 수준이라고 생각한다면, 혹은 부모님의 언어폭력이 심각한 신체 폭력으로까지 이어진다면, 그때는 믿을 수 있는 다른 어른에게 그 사실을 말하고 도움을 청하도록 해.

왜 우리한테만 쓰지 말래?
언어폭력 방관자 **은호의 이야기**

송마영이 울었을 때 깜짝 놀랐다.

걔가 울 수 있을 거라고는 생각해 본 적이 없었다. 송마영은 아무리 놀려도 화낼 줄 모르는 멍청한 애인 줄 알았다. 생각해 보니 걔가 말하는 것도 들어 본 적이 없는 것 같다.

어쨌든 좀 놀랐다.

송마영이 그렇게 서럽게 울 줄이야.

놀란 건 나뿐만이 아니었다. 담임 선생님은 나보다 더 놀라신 것 같았다. 선생님은 "1교시는 자율 학습해라"라는 말만 하고는 송마영을 데리고 나가셨다.

그리고 그날 오후 국어 시간에 우리는 특별한 수업을 들어야 했다.

    선생님은 칠판에 크게 '욕과 비속어'라고 적더니 우리를 빤히 바라보셨다.

    "너희가 평소에 욕과 비속어를 얼마나 자주 사용하는지 선생님은 미처 몰랐어. 그런데 오늘 상담 선생님이랑 많은 이야기를 나누면서 알게 되었단다. 아마 너희 대부분이 그 욕이랑 비속어가 어떤 뜻인지 모르기 때문에 사용하는 걸 거야."

선생님이 왜 뜬금없이 그런 얘기를 했는지 짐작은 간다.

그동안 윤재승이 송마영한테 어떤 욕을 했는지 들으신 모양이다.

그걸 다 이야기하다니 송마영도 오늘은 단단히 화가 났나 보다. 지렁이도 밟으면 꿈틀한다더니 제법인걸!

선생님은 칠판에 우리가 자주 사용하는 욕과 비속어를 하나씩 적기 시작하셨다.

친구들끼리 말할 때는 몰랐는데 선생님이 학교 칠판에 적어 놓은 걸 보고 있으니 조금 민망하기는 했다.

그중에는 비속어인 줄 몰랐던 단어들도 있었다.

선생님은 그 단어들의 뜻을 하나하나 설명해 주셨다.

알고 보니 내가 자주 쓰는 비속어들은 대부분 성적인 의미가 있었다. 몰랐던 사실이다.

"너희가 생각 없이 하는 욕 한마디, 거친 표현 하나가 다른 사람에게는 큰 상처가 될 수 있어. 앞으로 우리 교실에서는 이 단어들을 쓰지 않기로 하자. 약속할 수 있지?"

아이들이 고개를 끄덕였다.

"네!"라고 큰 소리로 대답하는 아이도 있었다.

하지만 나는 생각했다.

'저런 뜻을 생각하고 말하는 게 아닌데?'

정말 그렇다. 내가 'X나 멋지다.'라고 말할 때 나는 '정말 멋지다.'라는 뜻으로 말하는 거다. 선생님 설명처럼 남자의 성기를 생각하면서 말하는 게 아니란 말이다.

'정말 멋지다'라고 말하지 않고 'X나 멋지다'라고 말하는 건, 그래야 느낌이 살기 때문이다. 진짜 정말 엄청나게 멋지다는 걸 표현하기 위해서 그렇게 말하는 거다.

그리고 솔직히 교과서에 나온 것처럼 고운 말만 쓰는 애들은 좀 우스워 보인다.

잘 나가는 애들 중에 비속어 안 쓰는 애들은 하나도 없다. 비속어랑 욕을 적당히 사용할 줄 알아야 좀 있어 보인다.

우리는 어른들이 처음에 그 말을 왜 만들어 냈는지 따위는 신경 안 쓴다. 그냥 우리 감정을 표현하기 위해서 그 말을 갖다 쓰는 것뿐이다.

또 욕하는 맛이라는 게 있다.

어른들도 알 텐데.

어른들도 쓰면서 우리한테만 쓰지 말라고 하는 건 진짜 밥맛이다.

선생님이 뭐라고 하든 말든 나는 계속 쓸 거다.

웩, 친구랑 고운 말로만 얘기하는 건 생각만 해도 오글거린다.

행복한 학교 생활을 위하여

욕을 왜 하게 됐더라?

사춘기가 되면 자기 자신에 대해 생각을 많이 하게 된단다. 특히 다른 사람에게 내가 어떻게 보일지가 가장 큰 고민이 되지.
뭔가 어른스럽고 쿨한 사람으로 보이고 싶을 때 쉽게 선택하는 것이 바로 욕과 비속어야. 또 다들 욕을 하니까, 나만 안 하면 왕따 당할까 봐 괜히 같이 욕을 하는 친구들도 꽤 많아.
현재 우리나라의 거의 모든 청소년이 일상생활에서 욕이나 비속어를 사용하고 있다고 해.

욕은 듣는 사람과 말하는 사람 모두에게 상처

욕은 욕하는 사람의 입을 통해서 밖으로 나오지. 그리고 공기를 통해 듣는 사람의 귀로 들어가게 돼. 또 욕한 사람의 귀로도 들어가게 되지.
욕을 하는 사람은 그 욕이 자기 안에서 빠져나와 밖으로 나갔다고 생각하지만, 알고 보면 자신의 귀를 통해서 다시 자기 안으로 들어가게 되는 거야.
그렇게 욕이 마음속에 쌓이고 또 쌓이다 보면, 어느새 마음 전체가 독한 욕으로 가득 차게 돼. 그러면 세상 모든 것이 부정적으로 보이지. 자연히 표정도 험악해지게 되고. 이렇게 욕은, 듣는 사람뿐 아니라 하는 사람에게도 상처가 되고 독이 되는 것이란다.

욕 대신 쓸 수 있는 말

욕을 끊을 수 있는 좋은 방법이 있어. 바로, 욕 대신 다른 말을 쓰는 거야. 입에서 욕이 나오려고 하는 순간, 그 욕 대신에 다른 단어를 말하는 거지.

예를 들면, "x발 나는 왜 안 줘?"라는 말 대신에 "야옹 나는 왜 안 줘?"라고 하는 거야. '야옹'이 싫으면 다른 단어로 바꾸어도 돼.

단, '신발'처럼 'x발'을 떠올리게 하는 단어는 빼고. 그런 단어들은 발음할 때마다 원래의 욕인 'x발'이 떠오를 테니까.

친구들과 함께 약속을 해도 좋아. '야옹', '바다', '꽃', '샬랄라', '햇살', '덩크슛'처럼 밝고 건강한 단어로 하나씩 바꿔 봐. 마음과 몸이 한층 가벼워지는 걸 느끼게 될 거야!

나는 투명인간이다
_간접 폭력

산산이 부서진 마음

간접 폭력 피해자 **유진이의 이야기**

보이지 않는 사람.

나는 이 반에서 투명인간이다.

아무도 나에게 말을 걸지 않고 아무도 내 말에 대답하지 않는다.

처음에는 많이 울었다. 민망하고 외롭고 창피했다.

학교가 싫었다. 선생님이 싫었다. 공부도 되지 않았다.

부모님께 다른 동네로 이사 가자고 할까도 생각해 봤지만, 차마 말이 나오지 않았다. 학군이 좋은 이 동네로 이사 오기 위해서 부모님이 얼마나 고생하셨는지 알고 있기 때문이다.

지금 우리가 사는 이 집 때문에 부모님은 은행에 빚이 많다.

그 빚을 갚고 내 학원비를 대느라 엄마는 부업을 두 개나 하신다. 아빠는

야근에 주말 근무까지 하느라 얼굴 볼 새도 없다.

하지만 부모님은 아무리 지치고 힘들어도 내가 공부하는 모습을 보고 있으면 힘이 난다고 하신다.

"우리 딸이 엄마 희망이야. 우리 딸 좋은 대학만 갈 수 있으면 엄마는 아무리 힘들어도 괜찮아."

"아빠는 우리 유진이만 보고 산다."

입버릇처럼 하는 이 말씀들이 내가 살아가는 이유가 되었다.

부모님이 바라는 대로 국제중학교에 들어가기 위해서 나는 정말 열심히 노력했다. 코피 흘려 가면서 공부했고, 학급 임원이 되기 위해 평소에 친구들과도 사이좋게 지냈다. 수업 시간에 질문도 많이 해서 선생님들께 칭찬도 받았다.

모든 게 다 잘되어 가고 있었다.

5학년이 되어 조한샘을 만나기 전까지는.

조한샘은 튀는 애였다. 일단 얼굴이 예쁘게 생겼고 옷차림도 화려했다. 주변에 같이 다니는 애들이 항상 두세 명씩은 있는 것 같았다.

그런 애가 먼저 친하게 지내자고 말해서 무척 놀랐었다.

나는 4학년 때까지 친구들과 두루두루 잘 어울렸지만, 이렇게 늘 무리 지어 다니는 친구들은 없었다. 그래서 조한샘 무리랑 몰려다니는 이 경험이 신선하고 재미있었다.

특히 살뜰히 챙겨 주는 조한샘이 좋았다. 한샘이는 나에게 립글로스도 선물해 주고 옷차림 코디도 해 주었다. 한샘이랑 같이 다니니 나에게 고백하는 남자애들도 생길 정도였다.

우리는 영원한 우정을 맹세하며 둘만의 우정 반지도 나눠 꼈다.

그런데…….

그렇게 친했던 한샘이가 한순간 변했다.

그건 말도 안 되는 어떤 소문 때문이었다. 우리 엄마가 노래방 도우미로 일하는데, 교장 선생님이 그 노래방 단골손님이라서 내가 그동안 매년 학급 회장을 할 수 있었다는 어이없는 소문이었다.

말도 안 되게 끔찍한 그런 유언비어를 내 친구들은 당연히 믿지 않을 줄 알았다. 하지만 그 애들은 소문을 믿었고, 모두 나에게 등을 돌렸다.

나는 믿을 수가 없었다.

그래도 한샘이는 아닐 줄 알았는데, 한샘이만큼은 진정한 친구인 줄 알았는데…….

그날 저녁 나는 응급실에 실려 갔다. 스트레스성 급성장염이라고 했다. 병원에 이틀 동안 입원해 있어야 했다.

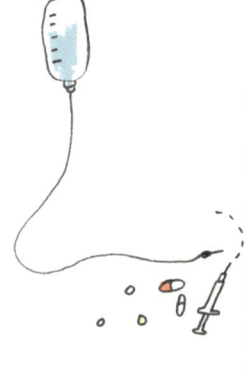

이틀 뒤, 학교에 갔을 때 나는 우리 반 모든 아이의 적이 되어 있었다.

누군가는 지나가다가 내 신발에 침을 뱉었다. 누군가는 일부러 내 옆을 지나가며 '더러워.'라고 귀에 속삭였다.

가장 힘든 건 조한샘이 우리 엄마를 욕하는 소리를 듣는 것이었다.

우리 엄마가 너를 얼마나 예뻐했는데, 네가 어떻게 나한테 이럴 수 있느냐고 따지고 싶었다. 하지만 막상 그 애의 싸늘한 눈을 보면 온몸에 힘이 풀렸다. 아무 말도 나오지 않았다.

학급 임원 회의가 열렸지만 나를 추천하는 사람은 없었다.

모두가 나를 멀리했다.

모두가 나를 무시했다.

그렇게 서서히 나는 투명인간이 되어 갔다.

투명인간으로 지낸 지 3개월째.

담임 선생님은 아직 아무 눈치도 못 채고 계신다.

부모님은 내가 말라 가는 것이 공부 스트레스 때문이라고 생각하신다. 차라리 다행인 것 같다. 엄마가 이 끔찍한 소문을 들으면 충격 받고 쓰러질지도 모른다. 지금도 나 때문에 힘든 부모님이, 나 때문에 더 힘들어지는 건 정말 싫다.

이렇게 일 년 반만 더 버티면 졸업이니까, 그때까지 조금만 더 버틸 거다.

나는 해낼 거다.

꼭 해내고 말 거다.

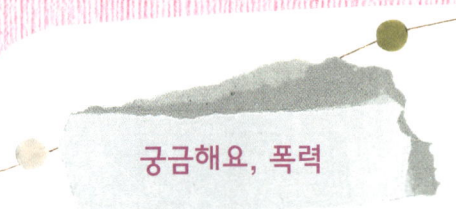

궁금해요, 폭력

간접 폭력이란?

간접 폭력은 상대방을 간접적으로 괴롭히는 것을 말해. 직접 몸을 때리거나 욕을 하는 것이 아니라, 무시하거나 따돌리는 방식으로 괴롭히는 거지.
왕따나 은따처럼 여러 사람이 한 사람을 따돌리는 행위는 모두 간접 폭력이라고 볼 수 있어.
간혹 따돌림은 성장 과정에서 자연스럽게 일어나는 현상이라고 말하는 사람도 있는데, 그건 전혀 근거 없는 주장이야. 따돌림을 받는 사람은 엄청난 정신적 고통에 시달리게 되거든.
때로는 신체 폭력보다 더 위험할 수 있는 것이 바로 간접 폭력이야.

간접 폭력의 종류

- 왕따 시키기(집단에서 고의적으로 따돌리기)
- 다른 학생과 어울리지 못하게 하기
- 말을 걸어도 무시하기
- 눈을 흘기거나 째려보기
- 여러 사람 앞에서 모욕하기
- 시비를 걸거나 약을 올리기
- 투명인간 취급하기
- 소지품을 감추거나 버리기
- 사적인 비밀을 다른 사람들에게 퍼뜨리기
- 나쁜 소문 내기
- 과잉 친절로 불안하게 하기

행복한 학교 생활을 위하여

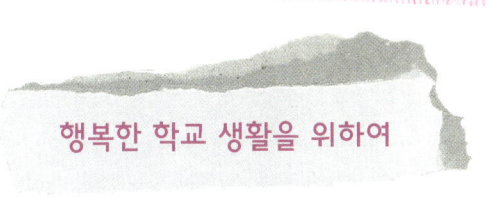

왕따에서 벗어나는 법

너무 오랫동안 왕따를 당하다 보면 마음이 약해지고, 마음이 약해지면 잘못된 선택을 하기도 해. 자해나 자살 같은 끔찍한 일을 저지르는 학생도 생기지. 하지만 다른 사람 때문에 내 목숨을 포기하는 건 너무나 아까운 일이야. 내 인생, 내 생명은 그 누구도 건드릴 수 없는 나만의 것이거든. 지금 처한 상황에서 벗어나기 위해 다음과 같이 해 봐.

❖ **내가 잘못해서 왕따 당한 게 아니야**

왕따를 당할 만한 이유라는 건 없어. 왕따를 당해도 되는 사람도 없어. 왕따를 시키는 사람이 나쁜 사람인 거야.

❖ **부모님이 실망하실 거라고 생각하지 마**

부모님은 어떤 상황에서든 자녀가 행복하기를 바라신단다. 혼자서 끙끙 앓고 있는 것이 오히려 부모님을 더욱 가슴 아프게 하는 짓이야.

❖ **자신감을 가지고, 그 모습을 보여 줘**

내가 잘해 오던 걸 계속 잘하도록 해. 공부든 운동이든. 흔들리지 않는 나의 모습에 오히려 가해자가 주눅이 들게 될 거야.

❖ **소문에 너무 신경 쓰지 마**

어차피 소문은 시간이 지나면 사라지게 되어 있거든. 소문 때문에 불안해하는 모습을 보면 가해자는 더 신이 나서 계속 헛소문을 퍼뜨리고 다닐 거야.

❖ **도움받는 것을 부끄러워하지 마**

원래 사람은 서로 도움을 주고받으면서 살아. 지금 나를 도와준 사람에게 내가 도움될 날이 언젠가 올 거야. 왕따 문제를 혼자서 해결하는 건 쉽지 않아. 부모님이나 선생님, 친한 친구, 또는 학교폭력신고센터와 함께 해결하도록 해.

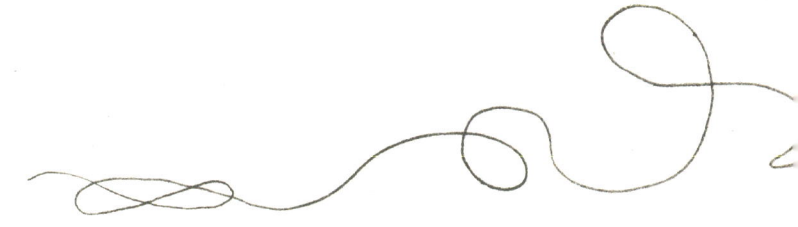

시원할 줄 알았는데……
간접 폭력 가해자 **한샘이의 이야기**

"회장 두 명, 그리고 허유진, 종례 끝나고 잠깐 남아라."

담임 선생님이 말씀하셨다.

우리 반 여자 회장은 나, 조한샘이다. 남자 회장은 배지훈.

허유진은 임원이 아니다. 그런데 담임 선생님은 늘 일을 시키실 때면 허유진도 함께 부른다. 허유진은 아무것도 아닌데.

사실 담임 선생님은 허유진이 우리 반 회장이 되기를 바랐다. 이건 거의 확실하다. 내 예감은 대부분 맞는다.

허유진은 4학년 때까지 학급 회장을 놓쳐 본 적이 없는 모범생이다. 공부도 잘하고 얌전해서 선생님들이 다 좋아한다.

나도 처음에는 허유진을 좋아했었다. 착하고 성격도 괜찮은 것 같고 별로

나대지도 않는 것 같아서 친하게 지내 두면 좋겠다 싶었다.

　허유진이 학급 임원 선거에 출마한다고 하지만 않았으면 아마 지금도 나는 허유진과 단짝으로 지내고 있을 것이다.

　그런데 허유진은 회장이 되고 싶어 했고, 그때부터 모든 것이 어긋나 버렸다.

　그러니까 이건 다 허유진 때문이다.

　허유진이 지금 왕따를 당하고 있는 것도 다 자기 스스로 불러온 일인 거다.

나는 이번에 꼭 회장이 되어야만 했다.

그래야 언니처럼 국제중학교에 들어갈 수 있기 때문이다.

초등학교 졸업 전에 학급 임원 한 번쯤 해 보는 건 국제중학교 입시에서 거의 필수다.

언니는 초등학교 1학년 때부터 6학년 때까지 학급 회장은 물론 전교 1등도 놓쳐 본 적이 없는 우등생이라 국제중학교 들어가는 것쯤은 식은 죽 먹기였다.

하지만 나는 언니랑 다르다.

나는 공부를 잘하는 편이긴 하지만 언니만큼은 아니고, 4학년 때까지 한 번도 학급 임원을 해 본 적이 없었다.

선생님들은 내가 조한솔 동생이라는 걸 알면 늘 이렇게 말한다.

"네가 한솔이 동생이구나? 너, 언니 따라가려면 분발해야겠다. 호호."

그러면 나는 너무나 창피해서 얼굴이 빨개진다. 차라리 언니가 없었으면 좋겠다고 생각한 적도 많다.

엄마는 내가 마음에 드는 구석이 하나도 없다고 말한다. 나한테 쏟아붓는 학원비랑 과외비가 아깝다면서 다 들리게 한숨을 쉰다.

"언니 반만큼이라도 좀 해 봐! 너는 어떻게 밥숟가락으로 떠먹여 줘도 그걸 받아 먹지를 못하니? 너희 언니는 혼자서도 저렇게 잘하는데!"

엄마한테 내가 언니보다 못하지 않다는 걸 보여 주려면 이번에는 꼭 학급 회장이 되어야만 했다.

그리고 내가 학급 회장이 되려면 허유진이 회장 후보에 출마하지 말아야 했다. 허유진은 나보다 인기도 많고 공부도 잘하니까, 걔가 출마하면 걔가 회장이 되는 건 당연한 일이었다.

학급 임원 선거 일주일 전에 나는 허유진을 불러냈다.

내가 이번에는 꼭 학급 회장이 되어야만 하는 이유가 있으니까 한 번만 양보해 달라고 말했다. 허유진은 착하니까 들어줄 줄 알았다.

그런데,

허유진이 싫다는 거다.

자기는 국제중학교에 가야 하기 때문에 회장이 되어야만 한다는 거다.

나는 차마 '나도 국제중학교 가야 해'라고 말하지 못했다. 지금 내 성적으로 국제중학교를 바란다고 말하면 비웃을 게 뻔하니까.

굴욕적인 기분이 들었다.

언니와 비교를 당할 때처럼 내가 초라하게 느껴졌다. 언니도 모자라서 허유진 따위한테까지 져야 한다니.

더는 비참해질 수 없었다.

그래서 시작한 거다.

허유진에 대한 나쁜 소문.

반 애들이 허유진을 왕따시켜 준 덕분에 나는 과반수의 득표로 가뿐하게 회장이 되었다.

가끔 허유진에게 미안한 마음이 들 때도 있지만 어쩔 수 없다.

내가 살려면, 어쩔 수 없어.

그런데 참 이상하다. 원하던 대로 되었는데, 아직도 답답하고, 불안하다.

내가 회장이지만 담임 선생님은 허유진을 더 믿는 것 같고, 점점 허유진을 동정하는 애들도 생기는 것 같다.

헛소문을 퍼뜨린 사람이 나라는 걸 애들이 알게 될까 봐 불안하다.

반 아이들이 한순간에 돌변해 나를 왕따 시킬까 봐 두렵다.

성적은 오르지 않고 엄마의 잔소리는 점점 더 심해진다.

나는 국제중학교에 가려고 한 것뿐인데.

그게 그렇게 잘못된 건 아니잖아.

그런데 나는 왜 점점 두려워지기만 하는 거지?

사춘기 심리학 멘토링 ● 따돌림의 정확한 정의

궁금해요, 폭력

따돌림의 상처는 어느 정도?

따돌림을 받을 때 느끼는 고통은 어느 정도일까? 2003년에 나오미 아이젠베거라는 과학자가 따돌림에 대한 실험을 했어.

실험 참가자는 컴퓨터로 다른 두 사람과 함께 공놀이를 하게 돼. 그러다가 갑자기 그 두 명이 실험 참가자한테만 공을 안 주면서 따돌리는 거야. 이때 MRI로 뇌를 촬영해서 이 사람이 느끼는 고통을 측정했지.

실험 결과, 사람이 따돌림을 당했을 때 느끼는 고통은 신체적인 괴롭힘을 당했을 때 느끼는 고통과 똑같았대.

즉, 간접 폭력은 신체 폭력만큼이나 사람을 고통스럽게 한다는 거야.

따돌림은 모두가 불행해지는 일

집단 따돌림의 경우 가해자 또한 피해자 못지않게 마음의 상처를 크게 입는다고 해. 따돌림 가해자는 우울증에 걸릴 확률이 다른 청소년보다 높아. 또 어른이 되어서도 사회에 적응을 잘 못하고 한 직장에 오래 머물지 못하는 경우가 많대.

자살에 대한 생각도 늘어나. 피해자와 가해자 모두, 다른 청소년보다 자살에 대해 더 많이 생각하게 된다고 해.

방관자는 친구가 괴롭힘당할 때 아무것도 하지 못했다는 죄책감에 시달리게 돼. 결국 집단 따돌림은 피해자, 가해자, 방관자 모두가 불행해지는 일이야.

집단 따돌림에 대한 우리의 상식

집단 따돌림에 대해 얼마나 정확히 알고 있는지 확인해 보자. 다음 질문에 O, X로 표시한 후 아래 정답을 맞춰 봐.

❶ 따돌림은 놀리는 것처럼 가벼운 거예요. ……………………………… (   )
❷ 따돌림을 마땅히 받아야 하는 사람도 있어요. ……………………… (   )
❸ 따돌림은 남학생들만 해요. …………………………………………… (   )
❹ 내 의도와는 다르게 상대방이 불쾌했다면 괴롭힘이 될 수 있어요. … (   )
❺ 따돌림은 정상적인 우리의 성장 과정이에요. ………………………… (   )
❻ 따돌림받은 사람은 언젠간 극복할 거예요. …………………………… (   )
❼ 따돌림은 범죄가 아니에요. …………………………………………… (   )
❽ 따돌림을 당하는 학생이 있다는 것을 알아도 못 본 체하는 것은 옳지 않아요. ………………………………………………………… (   )
❾ 따돌림을 하는 사람도 커서 올바른 어른이 될 수 있어요. ………… (   )
❿ 따돌림을 선생님이나 어른에게 말하는 것은 고자질이에요. ……… (   )

정답 ❶(X) ❷(X) ❸(X) ❹(O) ❺(X) ❻(X) ❼(X) ❽(O) ❾(X) ❿(X)

위의 질문에서 7개 이상을 맞혔다면 집단 따돌림에 대해 상당히 잘 알고 있는 편이야. 따돌림의 심각성에 대해 미처 알지 못했던 청소년이라면 위 질문을 꼼꼼히 살펴보고 이번 기회에 제대로 알 수 있길 바라.

(출처: 박종효 〈집단따돌림 예방 프로그램 개발〉 교육과학기술부 & 한국교육개발원, 2012, p.53)

나만 아니면 돼
간접 폭력 방관자 **아림이의 이야기**

오후 6시 30분.
한샘이한테서 단체 문자가 왔다.
―8시까지 학교 앞 햄버거 가게로 와라. 대박 뉴우스 @.@
대박 뉴스라니, 무슨 일이길래 직접 나오라고 하는 거지?
가만…….
대화창에 이름이 네 개밖에 없다. 한샘, 현서, 슬기 그리고 나.
유진이가 없다.
유진이를 위한 깜짝 파티 같은 걸 준비하려고 그러나?
아니, 느낌이 그게 아니다.
아무래도 이건…….

찝찝한 느낌을 안고 햄버거 가게로 갔다.

다른 애들은 이미 와서 프렌치프라이랑 콜라를 먹고 있었다.

한샘이는 제일 가운데 자리에 앉아 있었다. 팔짱을 낀 채 무슨 생각을 하는 것 같았다.

내가 자리에 앉자 한샘이가 입을 열었다.

"자. 다 왔으니까 이야기할게. 너무 놀라지들 마. 나도 아까 이 얘기 듣고 정말 놀라긴 했지만. 무슨 얘기냐 하면……."

한샘이가 한 말을 요약하자면 이렇다.

우리 학교의 어떤 애가 오늘 한샘이한테 알려 준 건데, 유진이네 엄마가 어젯밤에 교장 선생님이랑 노래방에서 나오는 걸 그 애가 봤다고 한다. 유진이네 엄마는 노래방 도우미로 일하고 있는데, 교장 선생님이 단골손님이라서 유진이가 학급 회장이 될 수 있도록 매년 뒤에서 손을 썼다는 거다.

거짓말.
들자마자 나는 한샘이의 얘기가 거짓말이라는 걸 알았다.

유진이네 엄마는 옆 동네 대형 마트에서 일하신다. 가끔 단체 도시락 만드는 일도 하신다. 지난번에 우리 엄마가 유진이네 엄마를 통해서 야유회 도시락을 주문한 적이 있어서 안다.

한샘이도 모르지는 않을 거다. 유진이가 한샘이를 얼마나 각별하게 생각하는데. 엄마가 일하는 걸 숨기고 싶어하는 유진이도, 분명히 한샘이한테만은 말했을 거다.

하지만 나는 아무 말도 하지 않았다.
지금 한샘이를 건드리면 좋을 게 하나도 없다는 걸 알고 있기 때문이다.

한샘이는 그런 애다.
마음에 들지 않는 애가 생기면 즉시 처단한다.
작년, 문수아에게도 그랬다.
수아도 유진이처럼 우리랑 함께 어울려 다니던 친구였다.
그런데 어느 날 한샘이가 짝사랑하던 남자애가

수아에게 사귀자고 말을 했고, 며칠 후 수아에 대한 이상한 소문이 돌기 시작했다.

수아는 왕따가 되었고, 그 남자애는 일주일 만에 수아를 차 버렸다. 슬기와 나는 그 소문을 퍼뜨린 사람이 조한샘이라는 것을 알고 있었다. 우리는 수아가 불쌍했지만, 누구도 수아를 도와주지 않았다. 수아에게 손을 내밀었다가 우리도 왕따가 될까 봐 두려웠기 때문이다. 한참 힘들어하던 수아는 여름방학 중에 전학을 갔다.

나는 한동안 죄책감에 시달렸다. 수아가 자주 꿈에 나왔다.

지금 한샘이가 왜 유진이를 걸고넘어지는지 아직은 잘 모르겠다.

하지만 유진이가 억울하게 당하게 될 것은 안다.

저 말도 안 되는 거짓 소문이 온 학교에 퍼지겠지. 애들은 믿겠지. 유진이를 욕하겠지. 유진이는 힘들어하다가 전학을 가겠지.

내가 그 상황이라면 어떨까 상상해 보았다.

견딜 수 있을까?

나는 견딜 수 없을 거다.

그래서 나는 가만히 있을 거다.

모르는 척할 거다.

그래야 내가 사니까. 나만 아니면 된다.

유진이가 불쌍하긴 하지만, 나까지 그렇게 될 수는 없으니까.

행복한 학교 생활을 위하여

친구의 손을 잡아 줘

학교 폭력은 생각만큼 힘이 센 괴물이 아니야. 모두가 힘을 모으면 학교 폭력 없는 건강한 학급을 만들 수 있어. 작은 일부터 시작해. 지금 내가 할 수 있는 일을 하는 거야.

❖ **약한 친구에게 관심을 가져 줘**

우리 반에서 가장 약한 아이가 누구인지 잘 살펴보고, 그 아이를 도와줄 방법이 무엇인지 생각해 봐. 밥 먹을 때나 화장실 갈 때, 집에 갈 때 같이 다녀 주는 것은 아주 좋은 방법이야. 학교 폭력 피해 학생의 고통과 외로움을 이해해 줘.

❖ **옳은 생각을 용기 있게 말해**

누군가 약한 아이를 괴롭히려고 하면 하지 말라고 말해. 그 친구의 잘못된 행동을 지적해 줘. 하지만 절대로 폭력을 사용하지는 마. 폭력은 또 다른 폭력을 부를 뿐이야.

❖ **마음이 맞는 친구들과 함께해**

혼자서는 용기가 나지 않는다면, 나와 뜻이 맞는 친구들에게 함께하자고 말해 봐. 여럿이 함께라면 더 큰 용기를 낼 수 있을 거야.

❖ 화해의 다리가 되어 줘

만일 가해자와 피해자 사이에 오해가 있는 거라면 오해를 풀 수 있도록 도와줘.

❖ 어른들에게 도움을 청해

청소년들의 힘만으로 해결하기 힘들 때는 믿을 수 있는 어른에게 도움을 청해.

지금은 아닌데…… 혹시 나중에 왕따 당할까 봐 불안해요!

만약을 대비해서 친한 친구들끼리 약속을 정해 놓으면 좋을 거야. 친구 중 한 명이 왕따를 당하게 되면 서로 어떻게 도와줄지 미리 생각해 두는 거지. 각자 부모님의 휴대전화 번호와 이메일 주소를 교환해 놓는 것도 좋은 방법이야.

우린 모두 달라

부모님 두 분 중 한 분 이상이 외국인일 경우 그 자녀를 다문화 가정 자녀라고 이야기해. 다문화 가정 자녀들은 피부색이나 생김새와 같은 단순한 이유만으로 왕따를 당하는 경우가 많아.

나와 다르다는 것을 인정하지 못하는 철없는 아이들 때문이지.

하지만 다르다는 건 틀렸다는 뜻이 아니야. 다양한 말투, 다양한 외모, 다양한 피부색을 가진 사람들이 한데 어우러져 살 때 세상은 가장 아름다운 거란다.

우리는 모두 다 달라. 쌍둥이라도 조금씩 다르지. 서로 다른 얼굴, 다른 생각을 인정하고 존중할 줄 알아야 세상이 다양해지고 재미있어지는 거야.

모든 사람은 태어난 그 자체로 소중한 존재야. 각자가 지닌 고유한 아름다움을 볼 수 있는 눈을 떠 봐.

장애 학생을 응원해 줘

장애 학생은 비장애 학생에 비해 정신적 또는 육체적으로 스스로 자신을 보호할 수 있는 능력이 약해. 그래서 학교 폭력 가해자들의 표적이 되기 쉽지.

장애 학생을 괴롭히는 가해자들은 '장애인은 뭔가 부족한 사람'이라는 편견을 갖고 있어.

하지만 그건 몹시 잘못된 생각이란다. 장애는 부족하거나 모자란 것이 아니야. 단지 조금 불편한 것뿐이야. 장애 학생들이 학교생활에 잘 적응할 수 있도록 배려하고 응원하는 것이 비장애 학생들의 몫이란다.

조금 덜 불편한 사람이 조금 더 불편한 사람을 도와주는 것, 그것이 사람답게 사는 길이야.

너에게는 장난,
나에게는 폭력

_사이버 폭력

휴대전화 안의 괴물들

사이버 폭력 피해자 **지희의 이야기**

나는 친구가 없다.

원래부터 그랬던 건 아니다.

나도 친구가 있었다. 제일 친하다고 생각한 친구가 다섯 명이나 있었다. 매일 붙어 다녀서 선생님이 '너희는 친자매 같구나'라고 할 정도였다.

나는 친구들이랑 휴대전화로 단체 채팅하는 게 세상에서 제일 재미있었다. 휴대전화의 메시지 알림 소리가 정말 좋았다.

일주일 전까지는.

지금은 휴대전화가 괴물로 보인다.

'띠링' 소리가 나면 온몸이 떨린다.

열흘 전, 엄마랑 산책을 하러 가면서 실수로 휴대전화를 두고 간 게 잘못이었다. 아파트 주변을 세 바퀴 돌고 집에 돌아오니 단체 채팅방에 메시지가 367개나 와 있었다.

경원이가 일대일로 보낸 메시지도 32개나 있었다.

경원이 메시지를 먼저 확인했다.

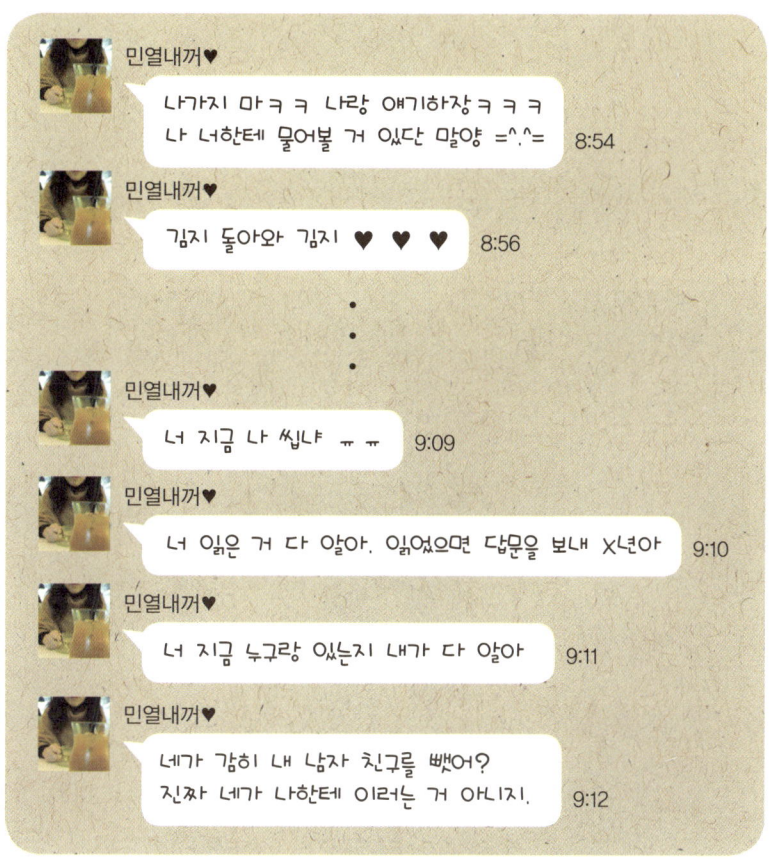

이게 끝이었다.

나는 급하게 경원이에게 메시지를 보냈다.
―쏘리쏘리. 나 휴대전화 집에 놓고 나갔다 옴. 할 얘기 뭐임?
그러나 경원이에게서는 답이 없었다.
단체 채팅방에서 얘기하느라 내 메시지를 못 보는 건가 싶어서 단체 채팅방으로 들어갔다.
그런데 그곳은……
세상에,
내 욕으로 도배가 되어 있었다.

민열내꺼♥
> 엄마랑 산책 좋아하시네 ㅋㅋㅋ
> 김 모 양 호박씨 쩔엌 ㅋㅋㅋ 9:15

루이love예빈
> 근데 언제부터래? 9:15

링링
> 걔, 친구 남자 친구 뺏는 거 전문이라던데 9:15

엔소내운명
> 말도 안 돼 ㅋㅋㅋ 그 얼굴로 어떻게 ㅋㅋ 9:15

링링
> 솔직히 몸매는 좀 되잖아.
> 얼굴은 썩었지만 ㅋㅋㅋ 9:16

루이love예빈
> 아, 썩었대 ㅋㅋㅋㅋㅋㅋㅋ 9:16

엔소내운명
> 야 나도 열 받는다. 그냥 확 밟아 버려 9:16

링링
> 확 죽여 버려야 되는데 그딴 것들은 9:17

민열내꺼♥
> 내 성질 같아서는 갈갈이 찢어서
> 불태워 버리고 싶다 9:17

엔소내운명
> 야 서승연, 넌 왜 아무 말 안해? 자냐?
> 설마 너도 김 모 양처럼 되고 싶냐? ㅋㅋ 9:17

엔팬여니
> 어, 잠깐 배터리 충전시키느라고 9:18

엔팬여니
> 김 모 양처럼 되느니 차라리 죽는 게 낫지 ㅋㅋㅋ 9:18

나는 눈앞에 있는 글자들을 믿을 수가 없었다.

김 모 양은 나였다. 누가 봐도 나였다. 무슨 오해가 있었던 것 같다. 그런데 나도 모르는 새에 사실처럼 퍼진 것 같았다.

아무리 소문이 돌아도 그렇지, 친구들이 어떻게 나한테 이럴 수 있는지 도무지 이해가 되지 않았다.

내가 채팅방에 들어간 걸 뻔히 아는데도 애들은 아무도 나에게 말을 걸지 않았다. 오히려 더 심하게 '김 모 양'에 대한 욕을 했다.

—애들아. 뭔가 오해가 있었던 것 같은데 내 얘기 좀 들어 봐.

용기를 내어 메시지를 썼지만 아무도 내 말에 대꾸하지 않았다.

눈앞이 빙빙 돌았다.

숨이 가빠졌다.

나는 덜덜 떨리는 손으로 휴대전화 전원을 껐다.

뭐가 어떻게 된 일인지 알 수 없었고, 무얼 어떻게 해야 할지도 몰랐다.

다음 날 아침.

학교에 갔더니 내 친구들 다섯 명은 교실에 없었다. 그 애들은 수업 종이 치면 교실에 들어왔다가 쉬는 시간이 되면 또다시 우르르 몰려 나갔다.

그날부터 나는 쉬는 시간에도 내 자리에만 앉아 있었다. 학원에서도 혼자 앉았다.

하지만, 휴대전화는 여전히 울려 댔다.

저녁때만 되면 단체 채팅방 초대 메시지가 떴다. 들어가 보면 나를 욕하는 내용으로 가득했다. 읽는 것이 겁났지만, 읽지 않을 수도 없었다.

다 읽고 나면 속이 울렁거렸다. 더 견디지 못하고 채팅방에서 나오면 다시 초대 메시지가 날아왔다.

10초에 한 번씩.

띠링, 띠링, 띠링!

―어딜 나가? 네가 우리한테서 벗어날 수 있을 것 같아?

휴대전화에서 악마의 목소리가 들리는 것 같았다.

매일 악몽을 꾼다.

캄캄한 방 안에 나 혼자다.

문이 열린다.

휴대전화 가면을 쓴 사람들이 나를 공격한다.

나는 아무 말도 못 하고 울기만 한다.

잠드는 것이 두렵다.

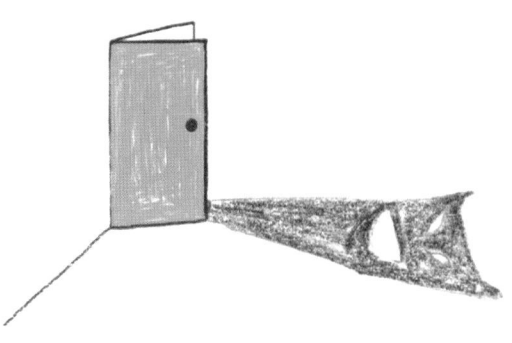

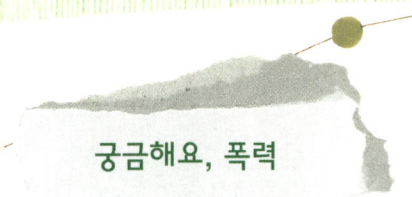

궁금해요, 폭력

사이버 폭력이란?

사이버 폭력은 말 그대로 사이버 공간에서 일어나는 폭력을 말해. 인터넷과 휴대전화 등을 이용해서 상대방을 괴롭히는 것이지.

최근 몇 년간 청소년들 사이에서는 사이버 폭력의 비중이 급격히 늘어나고 있어. 그리고 그 피해 또한 점점 더 심각해지고 있지.

휴대전화 채팅과 인터넷 카페, 온라인 게임의 채팅창, SNS(카카오스토리, 싸이월드, 트위터 등), 블로그, 휴대전화 문자, 이메일, 메신저 등 다양한 사이버 공간에서 폭력적인 언어와 사진, 동영상이 돌아다니고 있어.

사이버 폭력의 종류

- 같은 반 학생의 안티 카페를 만들어서 그 학생을 비하하는 글이나 욕설, 협박 등을 올리기
- 모바일 메신저(카카오톡, 마이피플, 라인 등)로 욕설 메시지 보내기
- 모바일 메신저(카카오톡, 마이피플, 라인 등)로 단체 채팅방을 개설해서 피해자를 초대한 뒤 단체로 욕하거나 협박하기(예: 떼카), 한꺼번에 나가 버리기, 무시하기
- 의미 없는 말을 계속 보내서 휴대전화 마비시키기
- 피해 학생이 나가려고 하면 계속 초대하기(예: 카톡감옥)
- SNS(카카오스토리, 싸이월드, 트위터 등)에 피해자에 대한 험담을 올리고 가해자

들끼리 공유하기
- 피해자의 굴욕 사진이나 합성 사진을 블로그, 카페, SNS 등에 올리거나 모바일 메신저나 이메일로 퍼뜨리기
- 피해자를 수치스럽게 하는 동영상을 찍어서 블로그, 카페, SNS 등에 올리거나 모바일 메신저나 이메일로 퍼뜨리기
- 자신의 프로필에 피해자에 대한 욕설을 올리거나 자신의 프로필 사진을 피해자의 굴욕 사진 혹은 악의적인 합성 사진으로 올리기
- 게임 아이템을 상납하게 하기
- 인터넷 아이디를 도용해서 게임 머니를 빼 가기
- 게임 레벨을 올려 달라고 메신저로 협박하기
- 피해자의 계정을 해킹해서 그 학생을 수치스럽게 하는 사진이나 글 게시하기
- 악성 댓글 달기
- 피해자의 비밀이나 신상 정보를 사이버 공간에 퍼뜨리기
- 문자나 이메일로 협박하기
- 컴퓨터 바이러스 보내기
- 상대방이 원하지 않는 음란 사진이나 동영상을 이메일이나 메신저로 보내기
- 모바일 메신저나 SNS 등으로 상대방에게 성희롱 혹은 차별적인 발언하기

사이버 폭력이 그렇게 심각한 거야?

❖ 피해자가 24시간 내내 폭력에 노출돼
가해자는 휴대전화나 인터넷으로 아무 때나 피해자를 괴롭힐 수 있어. 그래서 피해자는 온종일 감옥에 갇힌 것처럼 두려움에 떨게 돼.

❖ 피해자가 쉽게 벗어나기 힘들어
휴대전화는 청소년의 삶에서 떼어 놓을 수 없을 만큼 중요하기 때문에, 사이버 폭력을 당하는 상황에서도 피해자가 휴대전화 모바일 메신저나 SNS에서 탈퇴하기란 쉽지 않아.

❖ 전파되는 속도가 빨라
피해자를 비방하는 정보가 인터넷이나 메신저 등을 통해 즉시 모든 곳으로 퍼져 나갈 수 있어. 또한, 한 번 퍼진 인터넷 자료는 사라지지 않기 때문에 피해자에게 오랫동안 큰 상처를 남길 수 있어.

❖ 사이버 공간의 익명성
사이버 공간에서는 자신의 진짜 정체를 숨길 수도 있어. 그래서 아이디나 닉네임을 바꾼 다음 피해 학생을 괴롭히는 가해자도 있지. 게다가 청소년은 아직 도덕적으로 성숙하지 않은 상태이기 때문에 심한 사이버 폭력을 저지르면서도 죄책감을 느끼지 못하는 경우도 있어.

❖ **다른 종류의 학교 폭력으로 이어질 수도 있어**

사이버 공간에서 이상한 소문이나 수치스러운 사진이 퍼진 학생은 바로 다음 날부터 학교에서 따돌림을 당할 확률이 높아. 사이버 공간에서 왕따가 된 청소년은 오프라인에서도 신체 폭력과 언어폭력에 시달리는 경우가 많아.

편리한 왕따 놀이

사이버 폭력 가해자 **경원이의 이야기**

처음부터 지희가 미웠던 건 아니다.

지희랑 나는 옷 입는 취향도 비슷하고 둘 다 춤추는 걸 좋아해서 같이 다니는 여섯 명 중에서도 제일 친한 편이었다.

지희가 내 남자 친구한테 꼬리 쳤다는 소문을 들었을 때도 처음에는 설마 했었다. 지희한테 물어보면 '무슨 그런 헛소리를 믿냐?'고 시원하게 말해 줄 거라고 생각했다.

그래서 그날 저녁 지희한테 문자를 보낸 거였다.

지희를 믿었으니까.

그런데 지희한테서 답문이 안 오는 거다.

의심이 들기 시작했다.

지희는 한 번도 답문을 늦게 보낸 적이 없었다.
하필 그때 내 남자 친구도 전화를 받지 않았다. 답문도 없었다.
나는 당연히 둘이 지금 나 몰래 만나고 있는 거라고 믿을 수밖에 없었다.
그런 상황이라면 누구라도 그랬을 거다.

제일 친한 친구한테 배신당했다고 생각하니 너무나 화가 났다.
그래서 당장 우리 단체 채팅방에 들어가 다른 친구들에게 그 이야기를 했다.
애들은 나만큼 흥분하면서 열 받아 했다.
괘씸한 김지희를 왕따시키자는 데에 모두 찬성했다.
역시 내 친구들은 의리가 있다.

우리는 몇 가지 규칙을 정했다.
첫 번째, 김지희를 '김 모 양'이라고 부르기.

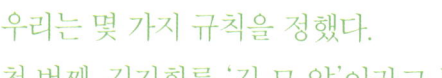

    5학년 때 반에서 왕따였던 애를 욕하는 카페가 있었는데, 나중에 담임 선생님이 그 카페를 알게 되어서 반 전체가 엄청 혼났던 적이 있다. 그때 우리가 왕따의 실명을 대놓고 부른 것이 문제였다.
    지금 우리 반에는 김 씨가 여섯 명이나 있으니까 '김 모 양'이라고 부르면 그게 김지희인지 아무도 모를 거였다.

두 번째, 김지희가 채팅방에 들어와도 모른 척하기.
    이건 뭐, 너무 당연한 거지만 그래도 규칙에 넣었다. 투명인간 취급하는 건 왕따 놀이의 기본이다.

세 번째, 김지희가 채팅방에서 나가면 바로 다시 초대하기.
    이건 휴대전화로 하는 왕따 놀이에서 제일 중요한 거다. 우리끼리만 욕하

는 건 재미가 덜하다. 왕따가 우리 얘기를 듣고 있어야 더 신이 난다.

김지희는 자기가 얼마나 재수 없는 인간인지 똑똑히 듣고 반성해야 한다.

네 번째, 모두 함께 욕하기.

이것도 정말 중요한 규칙이다. 가끔 같이 왕따 놀이 하다가 혼자 착한 척 하면서 빠지려는 애들이 있는데, 그러면 나머지 사람들만 바보가 된다. 우리는 의리가 있으니까 절대 그러지 말자고 했다.

다섯 번째, 학교에서는 티 내지 말기.

학교에서 티 나게 왕따를 시키면 선생님이 눈치를 챌 수도 있다.

그래도 김지희랑 같이 간식을 먹거나 이야기하는 건 싫으니까 아예 같이 있는 시간을 최대한 줄이자고 했다. 우리는 쉬는 시간에는 복도에 나가서 놀고 점심시간에는 운동장에 나가기로 했다.

규칙을 정하고 나니 왠지 모르게 마음이 놓였다. 비록 남자 친구는 뺏겼지만, 그보다 더 좋은 친구들이 내 옆에 있어서 든든했다.

우리는 열 받는 일이 생길 때마다 단체 채팅방에 들어가 김 모 양을 욕했다.

―아, 시험 망했어. 이게 다 복도에서 김 모 양 마주쳐서 그래. 재수 없게.

―나는 김 모 양 때문에 감기 걸렸잖아. 걔가 얼굴로 공기 더럽혀서.

모든 게 김 모 양 탓이라고 몰아세우고 나면 열 받았던 게 조금은 가라앉았다.

김 모 양 사진을 합성해서 웃긴 사진으로 만들어 내는 것도 재미있었다. 완성된 작품은 김지희한테 문자로 보냈는데, 반응이 궁금했지만 확인할 방법이 없는 게 조금 아쉽기는 했다.

휴대전화가 생기기 전에 왕따 놀이는 얼마나 심심했을까?

지금은 휴대전화만 있으면 집에서도 학원에서도 잠자기 전에도 왕따 놀이를 할 수 있으니 참 좋다.

참, 알고 보니 내 남자 친구는 김지희한테 아무 관심도 없었다. 그때 내 전화를 못 받은 건 전화기를 잃어버려서였다. 김지희를 따로 만난 적도 없다고 하는데, 솔직히 그건 아직도 수상하다.

아무래도 김지희가 꼬리 친 건 맞는 것 같다.

나쁜 계집애.

확실하게 복수할 거야.

사춘기 심리학 멘토링 ● 사이버 공간도 사람이 사는 곳

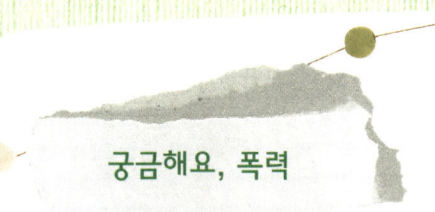
궁금해요, 폭력

장난? 이젠 그만!

사이버 폭력의 가해 학생 중 상당수가 '장난'으로 사이버 폭력을 저지른다고 해. '댓글 몇 개 다는 건 괜찮겠지?', '다른 애들도 다 하니까 나도 해도 되겠지.' 하면서 너도나도 사이버 폭력의 가해자가 되어 가는 거야.

단체 채팅방이나 안티 카페를 개설한 사람만 사이버 폭력의 가해자가 되는 게 아니야. 여러 명이 한 사람에 대해 나쁜 말을 쏟아낼 때 '맞아.'라는 한마디만 한 사람도, 그걸 가만히 보고만 있던 사람도, 모두 사이버 폭력의 가해자라고 할 수 있어.

행복한 학교 생활을 위하여

사이버 폭력을 당했을 때의 대처 방법

❖ **두려워하지 마**
내가 못나서 당하는 게 아니야. 위축되지 말고 당당하게 행동해.

❖ **가해 학생에게 싫다는 의사 표시를 분명하게 해**
싫다는 표현을 분명하게 하지 않으면 가해 학생들은 재미있는 장난이라고 생각하면서 계속하게 될 거야.

❖ **감정적으로 대응하지 마**

싫다는 의사 표시를 분명하게 한 다음에는 쉽게 대응하지 말고 그 자리를 떠나.

❖ **증거자료를 잘 보관해 둬**

이메일이나 모바일 메신저로 받은 욕설, 모욕하거나 협박하는 말 등을 지우지 말고 그대로 남겨 둬. 수치스러운 사진이나 동영상도 마찬가지야. SNS나 카페에 남겨진 댓글도 지우지 말고 그대로 둬. 혹시 가해자들이 그 댓글을 지울 가능성도 있으니 댓글이 달린 화면을 미리 캡처해 둬. 이 증거자료들은 경찰에 신고할 때 참고 자료가 될 수 있어.

❖ **믿을 수 있는 어른에게 이야기해**

모아 둔 증거자료들을 보여 드리고 해결 방법을 함께 찾아보도록 해. 학교폭력 신고센터에 신고하는 것도 좋아.

보이지 않는 곳에서도 예의 지키기

사이버공간도 사람과 사람이 소통하는 곳이야. 그러므로 예의를 갖추어 말하고 행동해야 해.

- 메신저로 채팅할 때 상대방과 마주 보고 있다고 생각하면서 메시지 보내기.
- 인터넷 게시글에 댓글을 달 때에도 그 사람에게 직접 말하는 것처럼 조심스럽게 글 쓰기.
- 출처가 분명하지 않은 글은 퍼 오거나 전달하지 않기.
- 확실한 근거가 없는 글은 올리지 않기.
- 욕설, 협박, 비난하는 말, 모욕하는 글은 쓰지 않기.
- 지금 내가 사이버공간에 남기는 모든 글과 사진과 동영상이 순식간에 모든 사람에게 퍼져 나갈 수 있다는 점을 기억하기.
- 사이버 폭력도 학교 폭력으로 처벌받을 수 있음을 명심하기.

내 정보 내가 보호하기

세상에는 좋은 어른도 있지만 나쁜 어른도 있어. 사이버 공간도 마찬가지야. 나쁜 어른은 사이버 공간에서 청소년을 상대로 나쁜 짓을 하려고 하지. 나쁜 어른에게 당하지 않기 위해서 자신을 보호하는 방법을 알아야 해.

청소년 개인 정보 지키기 실천 과제 7원칙

- 나의 이름이나 집 주소, 전화번호를 아무에게나 가르쳐 주지 않기.
- 온라인에서 사용하는 닉네임이나 사용자 아이디, 비밀번호를 남에게 알려지지 않도록 잘 관리하기.
- 각 웹 사이트의 '개인 정보 보호 정책'을 읽어 보고, 그 사이트가 나의 개인 정보를 어떻게 이용하는지 알아 두기.
- '개인 정보 보호 정책'에 대해서 부모님과 이야기 나누어 보기.
- 부모님에게 내가 방문한 웹 사이트를 보여 드리기.
- 웹 사이트들은 나의 개인 정보를 수집하기 전에 반드시 부모님의 동의를 받아야 함. 그렇지 않은 웹사이트에 개인 정보를 함부로 주지 않기.
- 만약에 나의 기분을 상하게 하거나 내가 남들과 함께 나누고 싶은 개인 정보보다 더 많은 정보를 요구하는 웹 사이트가 있으면 당장 빠져나오기.

(출처: KISA 한국인터넷진흥원 http://privacy.kisa.or.kr)

넌 혼자가 아니야

_학교 폭력, 그 후

엄마를 믿어

간접 폭력 피해자 유진이의 최근 이야기

저녁 7시 반.

학원 수업이 끝났지만 애들이 다 나갈 때까지 나는 자리에서 꾸물거린다. 최대한 다른 애들 눈에 띄지 않아야 내가 편하다는 걸 이제 안다.

휴대전화를 켰다. 엄마한테서 문자가 와 있다.

— 우리 딸, 학원 끝났지? 엄마 지금 학원 앞에 와 있어. 얼른 나와. 우리 맛있는 거 먹으러 가자. ^^

이상하다.

엄마 오늘 마트에서 근무하는 날인데?

어, 정말로 엄마가 학원 앞에 서 있었다.

"엄마 오늘 일 하는 날 아니야?"

"응, 오늘 하루 준영이 아줌마랑 바꿨어. 우리 딸이랑 맛있는 거 먹으려고."

엄마 얼굴을 쳐다봤다. 눈이 빨갛다.

"엄마 왜 눈이 빨개?"

"으, 으응…… 아까 마늘 까다가 눈을 비볐어."

"그래? 안약은 넣었어? 텔레비전 아래 둘째 서랍에 있는데."

"아, 그걸 깜빡했네. 이따 집에 가서 넣을게."

엄마가 조금 이상하긴 했지만, 어쨌든 오랜만에 엄마랑 둘이 데이트를 하니 참 좋았다.

우리는 둘이서 삼겹살을 3인분이나 먹고 물냉면도 하나 시켜서 나눠 먹었다. 배가 터질 것 같았지만, 엄마가 꼭 디저트를 먹어야 한다고 해서 커피전문점에 들어왔다.

나는 조각 케이크랑 우유를, 엄마는 블루베리 타르트랑 커피를 시켰다.

"맛있어?"

"응, 엄청! 근데 엄마, 이렇게 돈 많이 써도 돼? 이 케이크만 해도 조그만 게 엄청 비싼데."

"괜찮아. 엄마 그 정도는 해 줄 수 있어. 우리 유진이가 좋아하니까 앞으로 한 달에 두 번은 이렇게 데이트해야겠다."

"에이, 한 달에 두 번은 우리 형편에 무리지. 한 달에 한 번만."

"그래, 우리 딸이 엄마보다 더 알뜰하네."

"엄마도 얼른 먹어. 내가 다 먹겠다."

"엄마는 커피가 더 맛있네? 유진이가 다 먹어. 많이 먹어서 살도 찌고 키도 커야지."

내가 케이크 마지막 조각을 입에 넣었을 때, 엄마가 들고 있던 커피 잔을 내려놓았다.

"우리 유진이…… 그동안 많이 힘들었지?"

"공부하는 거? 다른 애들도 다 하는 건데, 뭐. 괜찮아."

"아니, 그거 말고……."

말을 하는 엄마의 입술이 바르르 떨렸다.

나는 심장이 쿵 내려앉았다.

'혹시 엄마가 왕따 얘기를 들은 건가? 어디까지 들은 거지? 누구한테? 어떻게?'

뱃속에 들어간 케이크가 다시 올라오는 것 같았다.

"엄마는 그동안 아무것도 모르고, 우리 딸 혼자서 얼마나 힘들었을까……."

엄마는 자기 가슴을 주먹으로 쾅쾅 두들겼다. 아플 것 같았다.

"유진아, 소문이라는 건 언젠가 사라지게 되어 있어. 그러니까 소문에 너무 신경 쓰지 마. 어떻게 애들이 그렇게 끔찍한 소문을 퍼뜨릴 수가 있는지, 나 참……."

"엄마, 설마 다 들은 거야?"

"응, 아림이 엄마가 다 얘기해 줬어. 놀라지 말라면서. 처음에는 아림이 그 계집애도 정말 미웠는데, 그래도 걔 아니었으면 엄마는 아직도 까맣게 모르고 있을 테니까, 말해 줘서 고맙더라. 아림이도 속으로 너한테 아주 미안해하고 있대."

나는 울음이 터졌다.

"미안해, 엄마. 나 때문에 그런 소리 듣게 해서 정말 미안해."

눈물이 멈추지 않았다. 콧물도 나왔다.

나는 아기처럼 엉엉 소리 내서 울었다.

"그게 무슨 말이야? 유진아, 엄마는 지금까지 그것보다 더 힘든 일도 많이 겪어 온 사람이야. 그리고 유진이 엄마잖아. 엄마는 우리 유진이를 위해서라면 못 할 게 없어. 엄마, 네 생각보다 강한 사람이야."

나는 놀랐다.

엄마가 강한 사람이라는 생각은 한 번도 해 본 적이 없기 때문이다.

엄마는 키도 작고 말랐고, 감기도 잘 걸렸다. 또 목소리도 작고 다른 사람한테 싫은 소리 한 번 못 하는 사람이다.

그러고 보니 지금까지 엄마가 우는 모습은 딱 한 번밖에 본 적이 없다. 외할아버지 돌아가셨을 때.

아, 엄마는 강했구나!

내가 엄마를 잘 몰랐던 거구나.

엄마가 내 옆자리로 옮겨 앉았다.

"아까 담임 선생님하고도 통화했어. 선생님도 전혀 몰랐다고 깜짝 놀라시더라. 이렇게 될 때까지 몰랐던 건 선생님이랑 엄마도 책임이 있어."

엄마는 나를 꼭 껴안았다.

"이제 엄마랑 선생님이 알아서 처리할게. 엄마 믿어, 우리 유진이가 엄마한테 미리 얘기해 주지 않은 건 서운하지만, 그래도 나쁜 마음 먹지 않고 씩씩하게 잘 버텨 준 건 참 고맙다. 이제는 엄마가 우리 유진이 지켜 줄게."

엄마가 움츠린 내 어깨를 펴 주었다.
엄마가 커 보였다.
엄마가 있어 참 좋다.

사춘기 심리학 멘토링 ● 폭력에 대처하기

궁금해요, 폭력

피해 사실을 알리지 못하는 이유

❖ 말해 봤자 해결도 안 될 텐데 뭐

부모님과 선생님은 청소년과 세대가 달라서 청소년의 문화를 모두 이해하기는 힘들어. 하지만 내 자녀에게, 내 제자에게 나쁜 일이 생겼을 때에는 누구보다 더 적극적으로 문제를 해결해 주실 분들이란다. 만일 부모님이나 선생님이 미덥지 않다면 믿을 수 있는 다른 어른에게라도 꼭 도움을 요청하도록 해.

❖ 별일 아닌데 뭐하러 신고해

학교 폭력은 '별일'이야. 학교 폭력을 지속해서 당하다 보면 마음의 힘이 아주 약해져. 그래서 현실을 제대로 판단할 수 없게 된단다. 지금 당하고 있는 폭력이 별일 아니라고 생각하는 건, 그만큼 마음과 몸이 폭력에 찌들어 있다는 뜻이야.

❖ 스스로 해결할 거야

스스로 해결할 수 있는 것도 분명히 있기는 할 거야. 하지만 학교 폭력이 이틀 이상 지속된다면 그건 이미 혼자서 해결할 수 있는 수준을 넘어선 거야.

❖ 보복당할까 봐 두려워

학교 폭력 신고가 접수되면, 가해 학생은 피해 학생을 다시 협박하거나 보복 행위를 할 수 없게 되어 있어. 만일 보복 행위를 하면 그 학생은 더 큰 처벌을 받게 될 거야. 하지만 보복에 대한 불안감이 너무 크다면 신고할 때 선생님이나 상담자에게 그 문제에 대해 꼭 상의하도록 해.

❖ **알려지는 게 창피해**
도움을 요청할 때, 이 일이 다른 친구들에게는 알려지지 않았으면 좋겠다고 말하면 돼.

❖ **어디에 알리는지 몰라**
만일 믿을 만한 어른을 주위에서 도저히 찾을 수 없다면 학교폭력신고센터에 전화를 해 봐. 24시간 내내 운영되는 학교폭력상담센타는 117만 누르면 돼.

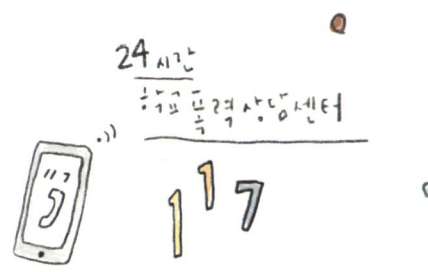

미안해, 정말 미안해!
사이버 폭력 가해자 **경원이의 최근 이야기**

생각도 못 했다.
내가 왕따가 될 줄은…….

나한테 잘 보이려고 애쓰던 애들이 그렇게 한꺼번에 등을 돌릴 거라고는 상상도 해 본 적 없었다.
감히 어떻게 나한테. 어떻게 나한테…….
별 뜻 없는 농담 한마디에 모든 게 엉망이 되어 버렸다.

김 모 양 왕따 놀이가 슬슬 지루해지던 때였다.

김지희는 그새 옆 반 왕따랑 절친이 되어서 이제는 우리가 놀려도 별로 반응이 없었다.

우리는 뭔가 새롭고 신 나는 일이 필요했다.

그때 엔소가 귀국을 했다. 엔소는 우리가 모두 좋아하는 아이돌 그룹이다. 나는 민열 오빠를 제일 좋아하지만 다른 멤버들도 다 좋아한다. 우리는 인터넷을 뒤져서 엔소의 공항 패션 사진을 찾아내 공유하기 시작했다.

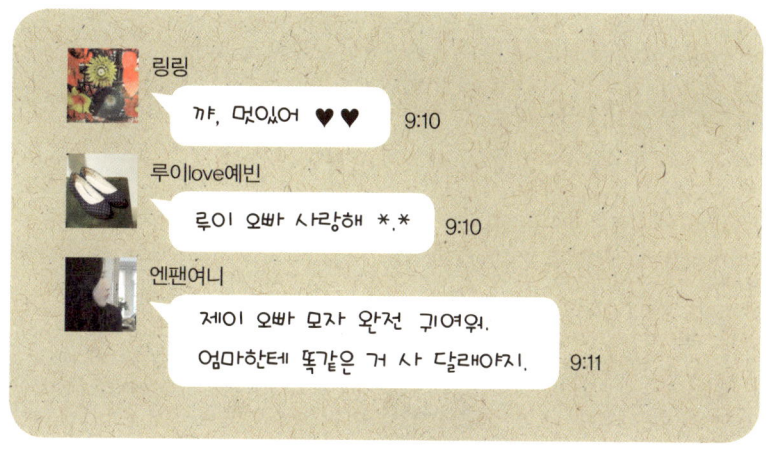

우리는 오빠들 사진에 푹 빠져서 계속 사진을 퍼 날랐다. 그러다 나는 예빈이가 올린 사진에 웃음이 터지고 말았다. 그건 루이 오빠 사진이었는데, 옷이 너무 이상했다.

　루이 오빠 팬인 예빈이는 나한테 마구 화를 냈고, 다른 애들은 예빈이 편만 들었다. 나는 그냥 농담으로 한 말인데 애들이 화를 내니까 짜증이 났다. 그래서 그냥 채팅방을 나와 버렸다.

　다음 날 학교에서도 나는 계속 삐쳐 있었는데, 애들이 몇 번 달래는 척하더니 곧 나만 빼고 저희끼리만 다니는 거다.

　나는 불안해졌다.

　그러면 안 되는 거였다.

　원래대로라면 애들이 나한테 화 풀라고 매달리고, 맛있는 걸 사다 주고, 예빈이가 정식으로 사과했어야 했다.

그런데 이번에는 달랐다.

애들은 더이상 나에게 가까이 오지 않았다.

학교에서도 학원에서도 나는 무시당했다.

그리고 곧 '신 모 양' 놀이가 시작되었다.

나를 괴롭히는 놀이.

나를 왕따시키는 놀이.

시도 때도 없이 휴대전화로 메시지가 뜬다.

나는 읽기 싫은데, 자꾸만 채팅방에 나를 초대한다.

내 사진으로 잔인한 합성 사진을 만들어서 자꾸 나한테 보낸다.

나를 욕한다. 죽여 버리겠다고 협박한다.

갑자기 지희가 그리워졌다.

지희가 있었으면 나를 도와줬을 텐데.

지희는 항상 내 편이었는데. 착한 아이였는데.

지희에게 너무 미안하다.
착한 지희에게 그따위 나쁜 짓을 저지른 내가 너무 밉다.
내가 지희를 괴롭혀서 지금 그 벌을 받는 것 같다.
시간을 되돌릴 수 있다면 얼마나 좋을까.
그러면 지희도, 나도, 둘 다 행복하게 지낼 수 있을 텐데.
지희한테 미안하다고 말하고 싶다.
내가 미안하다고 말하면 지희는 뭐라고 할까?
아니, 내가 지희한테 말을 할 자격이나 있을까?
모르겠다.
지금 난 지희에게 용서를 빌고 싶은 마음뿐이다.
지희에게 문자를 쓴다.
―미안해. 진짜 미안해. 내가 정말 잘못했어.

행복한 학교 생활을 위하여

폭력을 당하지 않기 위한 10계명

01 친구 사귀기
단체 활동 참여나 친구 사귀기 등을 적극적으로 한다.

02 신고 전화번호 알아 두기
폭력 발생 시 신고할 수 있는 전화번호 등을 반드시 알아 둔다.

03 체력 관리
체력 관리를 위해 간단한 운동(조깅, 아령, 팔 굽혀펴기 등)을 규칙적으로 한다.

04 분명한 의사 표현
가벼운 놀림이나 조롱에 대해서 '싫다'는 의사를 표현하는 것이 좋으며, 지속되거나 지나친 경우에는 학교 폭력으로 신고한다.

05 자신을 보호하기
자신을 방어할 수 있는 호신술을 익히고, 호루라기 등 호신용 도구를 지니고 다닌다.

06 외출 시 유의하기
외출 시에는 가족에게 만나는 사람과 장소, 목적, 귀가 시간을 미리 알린다.

07 친구들과 함께 다니기
인적이 드문 길은 피하거나 여러 명의 친구와 함께 다닌다.

08 유해 환경 피하기
청소년 유해 업소 지역에의 출입 및 불필요한 거리 배회 등은 하지 않는다.

09 폭력 상황 시 일단 피하기
폭력 상황을 피한다고 해서 비겁하거나 자존심이 상하는 것은 아니다. 우선 그 상황을 피하는 것이 중요하다. 재빨리 경찰서나 큰 가게 등 안전한 곳으로 피한 후 보호자에게 연락한다.

10 폭력 위험을 알리기
폭력 위험에 대해서는 혼자 고민하지 말고, 교사, 부모, 경찰이나 상담 기관 등에 알려서 도움을 받아야 한다.

(출처: cyber1388 청소년사이버상담센터 https://www.cyber1388.kr)

나는 학교 폭력의 가해자일까?

- 동급생, 특히 피해자보다 육체적으로 힘이 세다. ·············( )
- 다른 학생들을 지배하고 굴복시키고, 힘과 위협으로 자기 주장을 세우고, 자기 뜻대로 관철시키려는 욕구가 강하다. ·············( )
- 성미가 급하고, 화를 잘 내고 충동적이며 반항적이다. ·············( )
- 좌절에 대한 관용이 부족하며, 타인에 대한 동정심이 부족하다. ·············( )
- 규칙을 지키기 어렵고, 좌절과 스트레스 또는 힘듦을 참기 어렵다. ·············( )
- 속임수를 써서라도 이익을 얻으려 한다. ·············( )
- 선생님과 부모님을 포함한 어른들에게 일반적으로 반항적이고, 무시하고, 공격적이다. ·············( )
- 난폭하고 강인한 것처럼 보이고, 피해 학생에게 동정심을 전혀 기울이지 않는다. ·············( )
- 다른 동급생에 비해서 비교적 더 어린 나이에 반사회적 활동(음주, 흡연, 도벽 등)에 참가한다. ·············( )
- 폭력에 대해 긍정적인 태도를 갖고 있다. ·············( )
- 신체적으로 힘을 과시하려는 욕구가 있으며, 학업과 학교에 관심이 적다. ( )
- 타인에게 우쭐대고 싶은 심리가 있다. ·············( )
- 과거 폭력 및 비행과 연루된 경험이 있다. ·············( )
- 대인 갈등 해결 능력이 부족하다. ·············( )

혹시 위의 경우에서 3가지 이상의 상황이 최근에 자주 벌어지고 있다면, 지금 학교 폭력의 가해자 역할을 하고 있거나 앞으로 가해자가 될 가능성이 높단다.
지금 바로 부모님, 선생님 또는 학교 폭력 관련 기관과 상의하도록 하렴.

(출처: 스쿨로-안전한 학교-학교 폭력 예방하기 http://schoolaw.lawinfo.or.kr)

건강한 어른으로 자라나기
신체 폭력 적극 가담자 **시우의 최근 이야기**

박정민이 결국 일을 냈다.

수업 시간에 선생님이 칠판에 뭔가를 적고 계실 때였다. 박정민이 갑자기 벌떡 일어나더니 의자를 들어 주태훈의 이마를 찍어 버렸다.

주태훈의 눈썹 바로 위에서 피가 흘러내렸다.

아이들이 소리를 질렀다.

선생님은 얼굴이 하얘졌다.

박정민은 바닥에 주저앉아 손발을 덜덜 떨었다.

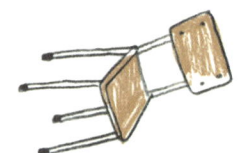

학교 폭력 위원회가 열렸다. 박정민네 부모님과 주태훈네 부모님이 맨날 학교에 와서 싸웠다. 교장 선생님과 담임 선생님이 같이 싸울 때도 있었다.

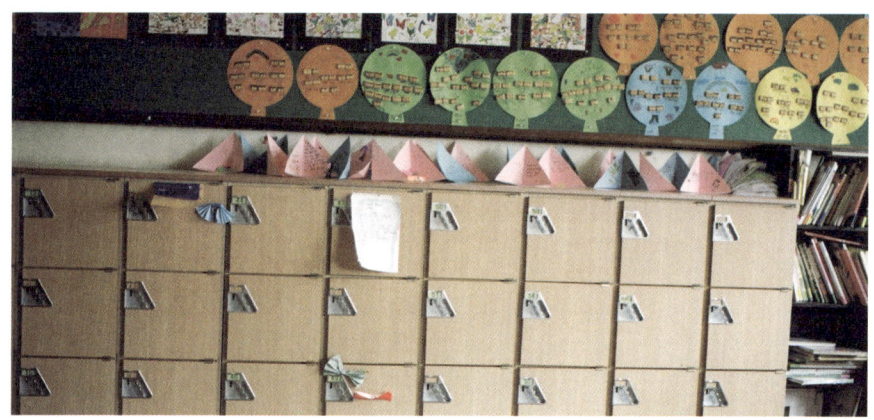

우리 반 아이들 모두가 상담 선생님과 일대일로 면담을 했다.

나는 박정민을 괴롭힌 것 때문에 처벌을 받게 될까 봐 무서웠다. 상담실에 들어가 자리에 앉자마자 눈물이 나왔다.

"지금부터 딱 1분만 울어라."

상담 선생님이 말했다.

그 말을 들으니 나도 모르게 눈물이 멎었다.

"자. 말해 봐라. 박정민이랑 주태훈 사이에 어떤 일이 있었는지."

나는 아무 말도 할 수가 없었다.

선생님은 내 눈을 보려 했지만 나는 선생님 눈을 똑바로 바라볼 수가 없었다. 가슴이 쿵쾅거렸다. 나는 손톱만 물어뜯었다.

"말할 준비가 되면 얘기해라."

선생님은 눈을 감고 팔짱을 꼈다. 그리고 다리를 죽 뻗었다.

다짜고짜 혼내지 않는 걸 보니 왠지 이해해 줄 것도 같았다. 그래도 여전히 불안했다. 머리가 너무 복잡했다.

시간만 계속 흘렀다.

5분쯤 지나자 선생님이 눈을 떴다.

나는 침을 꼴깍 삼켰다.

입술이 말랐다.

"저는…… 박정민이 싫어서 때린 건 아니었어요. 저는…… 왕따당하는 게 너무너무 무서웠어요."

그동안 있었던 일들을 모두 이야기했다. 순서는 뒤죽박죽이었지만 중요한 얘기는 다한 것 같다. 주태훈이 박정민을 어떻게 괴롭혔는지, 주태훈한테 한 번 걸리면 얼마나 무서운지, 나는 왜 주태훈이 시키는 대로 할 수밖에 없었는지, 내가 작년에 왕따였을 때 얼마나 괴로웠는지…….

내 얼굴은 눈물이랑 콧물로 범벅이 되었다. 내 이야기가 끝나자 선생님은 크게 한숨을 쉬었다. 그리고 나를 물끄러미 바라보았다.

심장이 조여드는 것 같았다. 얼굴이 떨려서 이가 덜거덕거렸다.

"권시우, 그동안 많이 힘들었겠구나. 용기 있게 이야기해 주어서 고맙다."

눈물이 더 쏟아졌다.

"하지만."

갑자기 선생님 목소리가 무서워졌다.

"그동안은 비겁했어. 뭐가 비겁했는지는 너도 알고 있지?"

나는 고개를 끄덕였다.

"말해 봐라."

"박정민 괴롭힌 거, 박정민은 잘못 없는데…… 제가 안 맞으려고."

떨리는 목소리로 더듬더듬 말했다.

"그래, 잘 알고 있네. 박정민이 얼마나 괴롭고 힘들었을지는 네가 누구보다도 잘 알았을 거 아니냐."

할 말이 없었다. 나도 그렇게 생각하고 있었으니까.

"이번 사건에서는 너도 학교 폭력 가해자다. 너는 학교 폭력 자치 위원회에서 처벌을 받게 될 거야. 박정민한테 진심으로 사과하고, 그동안 네가 저지른 일을 반성하기 바란다. 앞으로 매주 화요일 3교시에 상담실로 찾아오도록 해. 나랑 얘기를 많이 해야 할 거다."

선생님은 노트를 덮고 나에게 나가 보라고 했다. 일어서서 나가려는데, 갑자기 억울하다는 생각이 밀려왔다.

"선생님, 저도 당했잖아요! 저도 당해 봤으니까 개도 당해도 되는 거 아니에요? 그래야 공평하잖아요. 저는 자격 있어요!"

나는 선생님을 향해 소리쳤다.

"선생님은 왕따 당하는 게 얼마나 무서운지 모르잖아요. 막아 줄 수도 없으면서 왜 비겁하다고만 해요? 어른들은 다 똑같아, x발! 전학 갈 거야! 전학 가면 될 거 아니에요!"

나는 주먹으로 문을 쳤다. 문 한가운데가 뻥 뚫렸다. 주먹에서 피가 흘렀다. 선생님이 재빨리 나를 안고 보건실로 뛰어갔다.

그때 본 것 같다, 선생님이 우는걸.

보건 선생님이 응급처치를 해 주는 동안 상담 선생님은 계속 옆에 서 계셨다. 치료가 끝나자 상담 선생님은 보건 선생님에게 잠시만 자리를 비켜 달라고 부탁했다. 나 때문에 보건 선생님이 나가다니, 왠지 어른 대접을 받는 것 같아 우쭐해졌다.

상담 선생님이 날 보고 씩 웃었다.

내 마음을 들킨 것 같았다.

"시우야. 너 억울한 거 다 안다. 잘못한 것도 없는데 애들이 괴롭히니 오죽 힘들었겠어. 복수하고 싶은 마음, 충분히 이해해. 그런데 너, 박정민을 괴롭히면서 마음이 편하더냐? 아니었지?"

선생님은 내 머리를 부드럽게 한 번 쓰다듬어 주었다.

"선생님은 다 알아. 네 안에 아주 선한 마음이 있다는 것. 네 눈에 쓰여 있거든. 그래서 나는 네가 기대가 된다. 선생님은 우리 시우가 '내가 당한 만큼 너도 당해 봐'가 아니라, '내가 당했더니 너무 괴로웠어. 너는 당하지 않기를 바라.'라고 말할 수 있게 될 거라고 믿어. 이번 일을 계기로 더욱 단단하고 더욱 부드러운 사람으로 자라나자. 내가 옆에서 도와주마. 너는 분명히 건강한 어른으로 자라날 수 있을 거다."

나는 알쏭달쏭했다.

어른? 내가 어른이 된다는 생각은 한 번도 해 본 적이 없는데.

단단하고 부드러운 사람이라는 건 또 뭐고.

선생님은 너무 어려운 말을 많이 했다.

어려운 말을 많이 하는 게 어른이 되는 걸까?

오늘은 좀 그렇고, 다음 상담 시간에 다시 물어봐야겠다.

나 스스로 다짐한 건 하나 있다.

아까 선생님이 나를 안고 뛰었을 때 생각한 거다. 다친 사람이나 아픈 사람이 눈에 보이면 나도 그렇게 뛰어가서 도와주겠다고.

박정민에게 사과부터 해야겠다.

지금 내가 아는 사람 중에서는 박정민이 제일 많이 다쳤고, 제일 많이 아프니까.

박정민이 내 사과를 받아 주었으면 좋겠다.

안 받아 주면 어떡하지?

그것도 다음 상담 시간에 물어봐야지.

사춘기 심리학 멘토링 ● 학교 폭력 신고·상담하기

행복한 학교 생활을 위하여

학교 폭력 신고·상담 방법

(1) 전화로 신고하기

- 24시간 학교 폭력 전담 신고상담센터: 117
  - 일반전화와 휴대전화 모두 '117'만 누르면 됨
- 24시간 청소년 전화: 1388
  - 일반전화는 '1388'만 누르면 됨
  - 휴대전화는 '지역번호 + 1388' (예: 경기도는 031-1388)
- 청예단 학교 폭력 SOS 지원단: 1588-9128

(2) 휴대전화 문자로 상담하기

- 24시간 학교 폭력 전담 신고상담센터: #0117

(출처: 경찰청 공식블로그 폴인러브 http://polinlove.tistory.com/7131)

(3) 스마트폰 어플리케이션 이용하기

■ 안전드림

a. 스마트폰 어플 검색창에서 '안전드림' 검색 후 어플 다운로드
b. '도와주세요 117' 선택
c. 내용 입력 후 '신고' 버튼 클릭

■ 117 Chat

a. 스마트폰 어플 검색창에서 '117 Chat' 검색 후 어플 다운로드
b. '통화' 혹은 '익명상담' 선택
   - 통화: 담당 경찰관과 즉시 통화
   - 익명상담: 담당 경찰관과 1:1 채팅

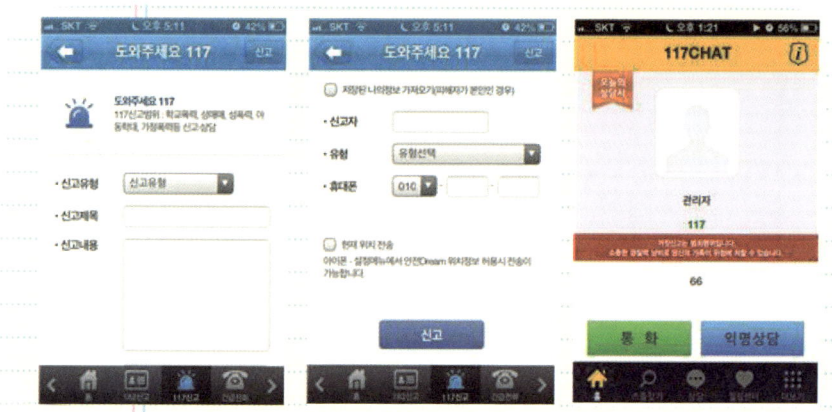

- 상다미쌤
    a. 스마트폰이나 PC에서 다음(Daum) 마이피플 설치하기
    b. 친구 추가 – 봇 친구 – 상다미쌤 추가
    c. 상담 신청이라고 적어서 메시지를 발송하면 상담 시작

(4) 인터넷 실시간 일대일 상담
- 안전드림 – 아동·여성·장애인 경찰 지원 센터
    a. 안전드림 홈페이지 접속 (www.safe182.go.kr)
    b. '신고·상담' 메뉴 – '1:1 상담' 클릭
    c. '상담시작' 아이콘을 클릭하고 상담 시작

(출처: 안전Dream 홈페이지 http://www.safe182.go.kr)

(5) 인터넷 게시판에 상담하기

- 청예단 학교 폭력 SOS 지원단
    a. 청예단 학교 폭력 SOS 지원단 홈페이지 접속 (www.jikim.net/sos/)
    b. '온라인 상담실' 메뉴 – '사이버 상담' 클릭
    c. 상담글 작성
- 서울시 청소년상담복지센터
    a. 서울시 청소년상담복지센터 홈페이지 접속 (www.teen1318.or.kr)
    b. '상담 공간' 메뉴 - '사이버 상담' 클릭
    c. 상담글 작성
- Wee: 우리가 희망이다!
    a. Wee 홈페이지 접속 (www.wee.go.kr)
    b. '온라인 상담' 메뉴 – '고민 상담' 클릭
    c. 상담글 작성

(6) 그 외의 방법들
- 혹시 지역 경찰서에서 카카오톡으로 학교 폭력 상담 창구를 운영하고 있을지 모르니 한 번 알아보도록 해. 학교 폭력 담당 경찰관에게 직접 카카오톡으로 상담을 받을 수 있어.
    - 부산 서부경찰서 카카오톡 학교 폭력 상담 창구: 010-825-79-117 (빨리요 친구 117)
    - 경북 지방경찰청 카카오톡 아이디: police 117

잠깐

저는 피해자도 아닌데, 괜히 신고했다가 제가 신고했다는 게 알려지면 어떡해요?

위에 소개한 방법으로 신고를 할 경우, 신고한 사람의 개인 정보에 대해서는 비밀이 보장돼. 그러니까 학교 폭력을 목격했을 때는 안심하고 신고하도록 해.

참고한 자료들

[도서]
- 〈비폭력대화〉 마셜 B. 로젠버그 지음 / 한국NVC센터 / 2011
- 〈초등학생을 위한 학교 폭력 상담〉 장희화, 최선미, 황은경, 박성희 공저 / 학지사 / 2013
- 〈제대로 알고 대처하는 학교 폭력 상담〉 정종진 저 / 학지사 / 2013
- 〈교사와 학부모를 위한 학교 폭력 상담〉 조정실, 차명호 공저 / 학지사 / 2012
- 〈학교 폭력 멈춰!〉 문재현 외 지음 / 살림터 / 2012
- 〈왕따, 이렇게 해결할 수 있다〉 문재현 외 지음 / 살림터 / 2012
- 〈너한테도 생길 수 있는 일〉 마이크 캐시디 지음 / 다른 / 2012

[연구보고서]
- 〈2013년 2차 학교 폭력 실태조사 및 정보공시 분석결과〉 2013. 교육부 & 한국교육개발원 (보도자료)
- 〈2013 서울시청소년성문화연구조사〉 2013. 아하 서울시립청소년성문화센터 & 서울특별시
- 〈집단따돌림 예방 프로그램 개발〉 2012. 박종효 (교육과학기술부 & 한국교육개발원).
- 〈초등학교 고학년용 학교 폭력예방자료: 아픔없는 우리학교, 행복한 학교생활 만들기!〉 2012. 법무부 & 교육과학기술부 & 자녀안심하고 학교보내기운동 국민재단
- 〈청소년 언어실태 언어의식 전국 조사〉 2013. 장경희 (국립국어원).
- 〈사이버폭력 실태조사〉 요약보고서. 2013. 방송통신위원회 & KISA 한국인터넷진흥원
- 〈Bullying and suicide. A review〉. Kim YS, Leventhal B. 2008, Apr-Jun; 20(2): 133-54. International Journal of Adolescent Medicine and Health.

[신문 기사]
- 〈청소년 언어폭력 소리없는 학교 폭력으로〉 2013. 미디어 인천신문 http://www.mediaic.co.kr

[홈페이지 및 블로그]
- 스쿨로 http://schoolaw.lawinfo.or.kr/
- 청소년사이버상담센터 cyber1388 http://www.cyber1388.kr
- 폴인러브 www.polinlove.tistory.com
- 한국인터넷진흥원 http://www.kisa.or.kr
- 한국비폭력대화센터 홈페이지 https://www.krnvc.org
- 사회복지사의 비폭력 대화 http://blog.naver.com/jinzao/100169037038

[그 외]
- EBS 청소년 특별기획 〈언이폭력〉 1부, 2부

사춘기 어린이를 위한 심리 포토 에세이

열세 살, 학교 폭력 어떡하죠?

초판 1쇄 발행 2014년 8월 25일 **초판 16쇄 발행** 2025년 1월 22일
글 임여주 **그림** 김예슬 **사진** 김설경
펴낸이 최순영

교양 학습 팀장 김솔미 **편집** 윤지현
키즈 디자인 팀장 이수현 **디자인** Design Lovey

펴낸곳 ㈜위즈덤하우스 **출판등록** 2000년 5월 23일 제13-1071호
제조국 대한민국 **주소** 서울특별시 마포구 양화로 19 합정오피스빌딩 17층
전화 02) 2179-5600 **내용문의** 02) 6748-3802
홈페이지 www.wisdomhouse.co.kr **전자우편** kids@wisdomhouse.co.kr

ⓒ임여주, 2014
ISBN 978-89-6247-452-7 73180

* 이 책의 전부 또는 일부 내용을 재사용하려면 반드시 사전에 저작권자와
㈜위즈덤하우스의 동의를 받아야 합니다.
* 인쇄·제작 및 유통상의 파본 도서는 구입하신 서점에서 바꿔드립니다.
* 책값은 뒤표지에 있습니다.
* 이 책의 사용 연령은 8~13세입니다.